· 基于综合实践活动的生涯教育系列丛书
· 重庆市普通高中研究性学习课程创新基地成果
· 重庆市教育科学"十三五"规划 2019 年度课题（2019–10–683）成果
· 重庆市教育科学"十四五"规划 2023 年度青年课题（K23YY1100019）成果
· 重庆市首批中小学"支点"创新实验室成果

附中
文丛

# STEAM 课程开发
# 与综合素质评价

总主编◎欧　健

主　编◎刘馨橘　张辉蓉

U0745848

西南大学出版社

国家一级出版社　全国百佳图书出版单位

图书在版编目（CIP）数据

STEAM课程开发与综合素质评价 / 刘馨橘, 张辉蓉主编. -- 重庆 : 西南大学出版社, 2024.4
（附中文丛）
ISBN 978-7-5697-1993-2

Ⅰ. ①S⋯ Ⅱ. ①刘⋯ ②张⋯ Ⅲ. ①课程设计—教学研究—中学②素质教育—教育评估—研究—中学 Ⅳ. ①G632.3②G632.47

中国国家版本馆CIP数据核字(2023)第186128号

# STEAM课程开发与综合素质评价
STEAM KECHENG KAIFA YU ZONGHE SUZHI PINGJIA

主　编　刘馨橘　张辉蓉

策划编辑 | 王　宁　尤国琴
责任编辑 | 尤国琴
责任校对 | 刘　露
装帧设计 | 闰江文化
排　　版 | 李　燕
出版发行 | 西南大学出版社(原西南师范大学出版社)
　　　地　　址 | 重庆市北碚区天生路2号
　　　邮　　编 | 400715
　　　电　　话 | 023-68868624
印　　刷 | 重庆市圣立印刷有限公司
成品尺寸 | 185 mm×260 mm
印　　张 | 10.25
字　　数 | 197千字
版　　次 | 2024年4月 第1版
印　　次 | 2024年4月 第1次印刷
书　　号 | ISBN 978-7-5697-1993-2
定　　价 | 28.80元

新高考改革,出发点就是让学生拥有自主选择、自我负责的学习权。此种导向要求中学进行育人方式的变革,为学生开设生涯教育的课程,给予学生人生规划的指导,引导学生认知自己,明确自己的兴趣、性格、优势、价值取向,让学生以此为基础认识外界,更好地为自己设立生涯目标,并根据已拥有的资源实现目标。"基于综合实践活动的生涯教育"系列教材,正是西南大学附属中学先于国家政策试点,通过不懈的实践探索,收获的基于综合实践活动推进生涯教育的特色研究成果。

如何通过生涯规划课程引导学生学会自主选择,这一重要议题为我国教育改革与发展开拓了一个新的领域。"基于综合实践活动的生涯教育"系列教材,从实践的角度架构了基于综合实践活动的生涯教育的基本框架,为服务于学生发展的育人模式的构建、学校教育品质的提升和学校实践改革的推进提供了重要启示,具有开拓意义。

第一,该套教材的目标定位和内容选择,是以"帮助学生找到人生方向"为根本宗旨,贯穿初高中,培养个体人生规划意识与技能,指导学生学会学习、学会选择,在充分认识自我和理解社会的基础上,平衡个人发展和社会发展的需求,初步设计合理的人生发展路径,促进个体生涯发展,提升生涯素养。

第二,教材的设计与安排,坚守"学生是学习与发展的主体"这一根本理念,初高中分阶段相互衔接,进行一体化设计;通过活动为学生搭建主动选择的平台,以研究性学习、社区服务、社会实践、研学旅行、设计制作、职业体验等综合实践活动为载体,引导学生在活动中明确人生奋斗目标并激发生涯学习动力,并不是简单地为学生提供品类繁多的"超市商品"让学生选择。

第三,学校还开发了《传统武术奠基康勇人生》《食育与健康生活》《生物实践与创意生活》《数学视角看生活经济》《水科技与可持续发展》《乡土地理和家国情怀》等配套教材,结合校内外的学习实践和生活实践,将基于综合实践活动的生涯教育理论渗透到学科课程中,为学生生涯发展提供重要教育平台和资源,弥补学生社会经历缺乏、生活经验不足、实践体验机会太少等生涯教育短板,促进生涯教育过程性和动态性发展。主体教材和辅助教材相辅相助,将生涯教育和综合实践活动有效融合,让学生在沉浸式的体验中感知自己、认知职业、畅想未来。

第四,教材贴近学生,语言平实生动,联系初高中生活学习实际,通俗易懂;图文并茂,既有趣味的活动设计,又有学生实践的光影记录,观之可亲。学生可从课堂内的探索活动、课堂外的校本实践中深刻体验生涯力量,还可在教师的引导下从活动链接中习得生涯领域的重要概念及理论,为未来的生涯发展做好积累。

总体而言,整套教材以综合实践活动为基础,融入学科课程和劳动教育,以提升学生生涯规划能力为目的,不断强化适合生涯发展的认知能力、合作能力、创新能力、职业能力,力图帮助学生适应并服务于社会,获得终身学习、终身幸福的能力。

教书育人在细微处,学生成长在实践中。本套教材的出版,将丰富生涯教育的承载形式,为中小学开展并落实基于综合实践活动的生涯教育提供可借鉴的案例,有效加强中学生生涯教育,促进学生全面发展、终身发展和个性发展。希望广大学生也可以像西南大学附属中学学生一样,在最适合的时候遇到最美的自己,希望更多的学校像西南大学附属中学一样为学生一生的生涯幸福奠基,让他们成长为自己满意的样子。

裴娣娜

(北京师范大学资深教授,博士生导师,当代教育名家,
中国课程与教学论领军人物,全国教学论专业委员会主任)

寒来暑往，西南大学附属中学在生涯教育这片热土上已耕耘二十余年。多年实践让我们相信，学校的课程、活动、校本教材都应回到问题的原点：什么是教育？

教育，是将自然人培养成社会人的过程，是帮助每一个孩子认识自己、发现自己，让他既能成长为自己心中最美的样子，又能符合国家、社会对人才的需求。

因此，我们希望实现这样一种生涯教育：让学生有智慧地参与综合实践活动，从活动中生发智慧；让学生有德性地参与综合实践活动，在活动中完善德性；让学生带着对美的追求参与到活动中，在活动中提升创造美的能力。一个拥有智慧与德性，能够欣赏美、创造美的个体，定然能够在瞬息万变的世界里立定脚跟，也能够在喧喧嚷嚷中细心呵护一枝蔷薇。

秉持这样的理念，我们编写了"基于综合实践活动的生涯教育"系列教材，着力帮助学生更好地适应未来不同阶段的身份、角色。希望学习此书的孩子们，不必因为不懂自己、不明环境、不会选择而错失遇见最美自己的机会。请打开这些书，热情地投入到探索活动中，感知自己的心跳起伏，喜恶悲欣；细细品读每个生涯故事，观察他人的生活，触碰更多可能；更要在校本实践中交流碰撞，磨砺成长……这些书将是孩子们生涯成长路上的小伙伴，陪在身旁，给予力量。希望大家从此学会学习，学会选择，学会生活。

基于综合实践活动的生涯教育是为幸福人生奠基的教育。我相信，当每一个个体恰如其分地成长为自己所喜欢的样子，拥有人生幸福的能力，就同样能为他人带来幸福，为社会创造福祉，为国家幸福而不断奋斗！

欧健

（教育博士，正高级教师，西南大学附属中学党委书记）

# 目录

CONTENTS

# 第一章

# 巴渝民居

　　我国著名建筑学家梁思成说过："建筑是人类一切造型创造中最庞大、最复杂，也最耐久的一类，所以它代表的民族思想和艺术，更显著、更多面，也更重要。"吊脚楼是一种形成于重山之上、悬崖峭壁间的伟大创造，它集力学、几何学、美学和民俗学等于一身，是研究巴渝文化的"活化石"。但如今的房屋千楼一面，吊脚楼正在城市化、全球化的浪潮中日渐消失。吊脚楼建筑有何优劣？它在当今社会有哪些存在形式？怎样才能使它发挥更大的作用？带着这些问题，我们一起走进课程"吊脚楼的前世今生"。

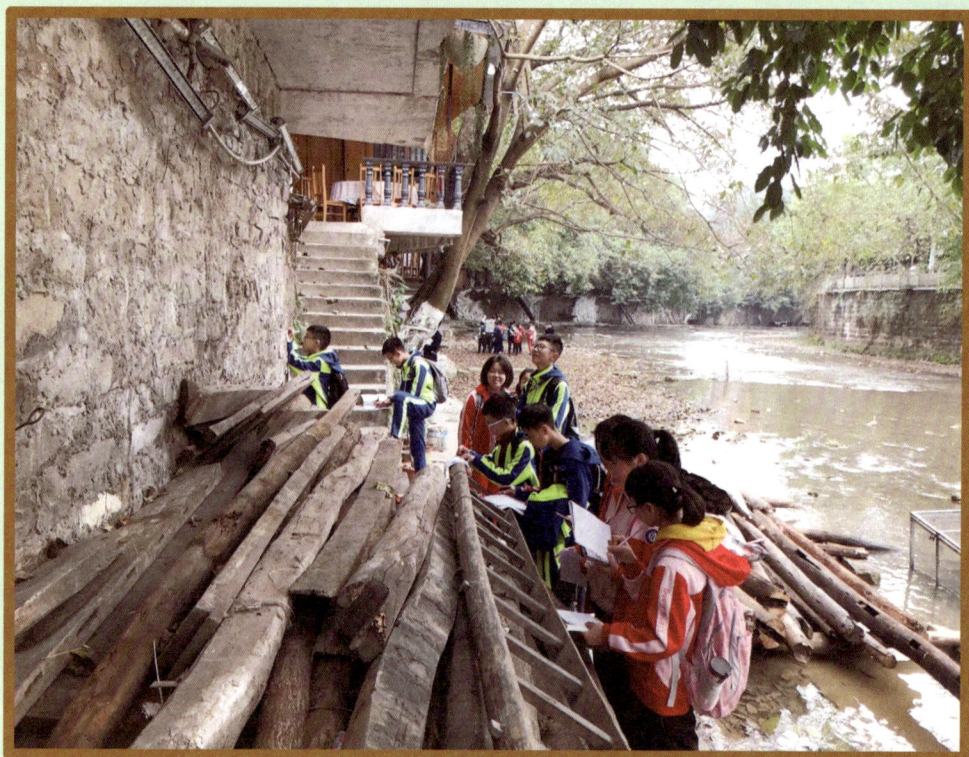

课程团队走访重庆市偏岩古镇吊脚楼群

# 初识吊脚楼

民居是最早出现的建筑类型，在我国众多民居建筑中，重庆的吊脚楼可谓别具一格。两江环抱的重庆在近代时期以水路交通为主，江河沿岸建立了许多便了人们出行以及货物运输的码头。而以码头为中心，集聚了大量以航运及相关产业为生的底层劳工。为求栖身之地，这些劳工在靠近码头的滨江坡地上搭棚造屋，形成了规模较大的"棚户区"。然而，人们意外地发现这样的建筑形式带来了生活便捷与视觉美感。这些"棚户区"建筑就是吊脚楼，吊脚楼到底是什么模样？为什么能带来生活便捷与视觉美感？

## 一、历史演变

吊脚楼历史源远流长，演化极为久远，其发展存在内在的规律。最早，吊脚楼的形象在甲骨文中大量出现，被认为是由巢居①发展而来。经过漫长的发展过程，近现代的吊脚楼已所剩无几，它们主要分布在我国西南地区。重庆的吊脚楼数量较多，尤其是近代时期的吊脚楼广泛地留存了下来。

### 吊脚楼的演变

| 历史时期 | 吊脚楼特点 | 阶段 |
| --- | --- | --- |
| 新石器时代 | 伐木栽桩、桩上架屋的栅居 | 雏形 |
| 金属时代 | 榫卯结构、立柱加垫的方法建造房屋并且半干栏式出现 | 发展 |
| 战国秦汉 | 吊脚楼发展的高潮阶段，出现大量吊脚楼的随葬陶屋模型 | 高潮 |
| 魏晋南北朝 | 中原汉族房屋普及，吊脚楼数量锐减，偏远地区保留 | 缩减 |
| 唐宋至明清 | 吊脚楼多为俚族和僚族使用，仅分布于岭南及西南 | 衰落 |
| 近现代 | 吊脚楼残存无几，分散分布于西南地区 | 残存 |

---

①巢居，指在树上搭建的一种像鸟窝一样的住所，即"依树积木，以居其上"。

## 二、文化内涵

事物所承载的文化包括人类创造的物质财富和精神成果。吊脚楼承载的文化内涵包括风水文化、礼制文化、崇拜文化和装饰文化等。

风水文化——吊脚楼在选址上多考虑"背山面水、背风朝阳、藏风聚气"的地方：一方面，河水提供居民的生活生产用水；另一方面，河水使得交通发达、物资流通，从而促进商贸的发展，所以"人财两旺"。在内部结构设计上，级别较高的吊脚楼设有天井，表达"天日可见，家宅康宁"的意思。

科学原理："背山"可以屏蔽冬日的寒风，"面水"可以夏日凉爽，"背风"可以减少大风给吊脚楼带来的倒塌危险，"朝阳"可以在保暖的基础上增加采光。吊脚楼设置天井可以获得更多的日照，同时中堂的祖位正好对着天井，敬天敬祖的思想融合在一起，增强了家族的凝聚力。

礼制文化——吊脚楼正屋为五开间，中间堂屋开敞，是整个住宅的精神中心，屋内供奉"天地君亲师"牌位，是举行祭祀、迎宾，办红白喜事、新生婴儿入家谱等仪式的场所，展现出强烈的敬天敬祖意识。堂屋两侧主人的房间称"人房"，遵循"以左为尊"的习惯，兄长居左，其弟居右。以中柱为界，分为前后两间，前间中部为三尺见方的火塘，后间为卧室。这样的建造方式体现出中国封建社会严格的尊卑等级意识。

崇拜文化——唐人樊绰在其《蛮书》中记载："巴人祭其祖，击鼓而祭，白虎之后也。"虎是巴人的图腾，尤其是白虎被巴人当作神灵。所以在渝东南地区，吊脚楼的柱脚常使用老虎作为装饰。除了崇拜动物，吊脚楼也有对色彩的崇拜，如在吊脚楼上常采用鲜艳的红、黄色装饰，起到镇宅保平安的作用。

吊脚楼的崇拜文化和装饰文化

装饰文化——以花草纹样、戏文故事、奇珍异兽等为题材，雕刻装饰在吊脚楼的各处，在表达人们对美好生活、平安吉祥的向往的同时，充分展现了吊脚楼的艺术美感，粗犷而有韵味,古朴而不失灵秀。例如在门上和窗棂上雕刻花卉植物、"福"字"寿"字、吉祥如意等纹饰。在石质柱头、柱基上雕刻猛虎下山、三阳开泰等图案。

## 三、建造选址

小调查:你对现在自己住家所在的地理位置满意吗? 为什么? 如果可以搬新家,在选择位置时你会考虑哪些因素?

不难发现对于现代住家的选址,同学们多从交通、商业网点分布、房屋品质与价格等社会经济因素方面进行考虑。而传统民居的选址,主要考虑的是哪些因素呢?

### 1.自然环境因素

地形条件——重庆地处四川盆地东南部,位于陆地地势的第二级阶梯,地势起伏较大,地貌类型多样。其中山地面积约占总面积的70%以上,丘陵面积约占15%,平地部分不足10%,是典型的山地城市,因此又有"山城"之称。

**思考** "三分丘陵七分山,剩下平地三厘三",在这样的地形条件下,建筑应如何布局?

科学原理:平原地区平地面积广阔,便于农业生产与交通线路布局,常成为人口与建筑物聚集之地。山地地区平地面积小,建筑只能顺地势而为,依山而建。吊脚楼通过调整脚柱高度,弥补地势不平的缺陷。

气候条件——重庆位于我国西南部,属亚热带季风气候,年平均气温16 ℃—18 ℃,春早夏热,秋凉冬暖,四季分明。降水日数多,日照时间短,总日照时数在1000～1500 h之间,为中国年日照时数最少的地区之一。

**思考** 重庆特殊的气候条件对房屋的修建有何影响?

科学原理:(1)为了避免潮湿,房屋采用底层架空的方式;(2)为了夏季隔热,冬季保温,房屋采用木质原料;(3)为了加快排水,屋顶通常为尖顶造型。

水文条件——在重庆8.24万平方千米的土地上,流域面积超过1000平方千米的河流就有42条。千万年来这些江河萦绕于方山丘陵,切割于平行岭谷,奔腾于崇山峻岭,形成了重庆"一干二骨七支"的江河格局。

**思考** 调查发现,聚落多沿河流呈条带状分布,为何建筑多沿河分布?

科学原理:(1)提供人口、牲畜的饮用水源;(2)提供农业灌溉用水;(3)提供工业生产用水;(4)提供航运交通。

### 2.社会经济因素

重庆地区利用其独特的地理位置发展商业经济。交通运输的便利,促进了商业的繁荣和城市的发展,特别是近代以来特有的码头商业经济使重庆人口聚集,促使了重庆吊脚楼的大量出现,形成了沿江两岸的吊脚楼群。

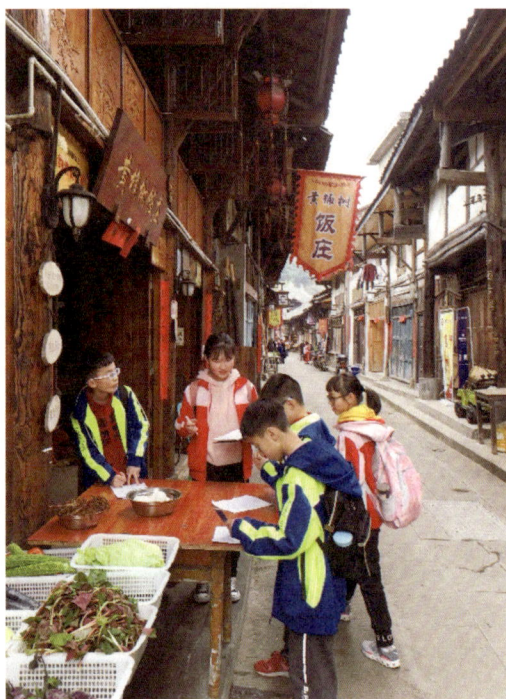

走访调查吊脚楼商业街

**思考** 从现在的拍摄角度,你能看出图上的建筑是吊脚楼吗? 能否推测房屋另一侧是怎样的地理环境? 你能在脑海中构想出吊脚楼的完整形态吗?

## 四、尝试搭建

经过前面的学习,你是否对传统民居吊脚楼有了初步的印象? 请尝试将你脑海中的吊脚楼搭建出来吧!

材料准备:雪糕棒、圆木棒、方木条、硬纸板、剪刀、强力胶、双面胶等。

搭建步骤:

(1)小组分工,明确各成员的具体事务。

(2)画出草图,明晰吊脚楼的具体模样。

(3)动手搭建,形成吊脚楼的基本形态。

(4)细节处理,让吊脚楼变得更加美观和坚固。

(5)展示交流,说一说作品的创作理念,评一评其他组作品的优缺点。

(6)修改再造,参照优秀作品进一步改进。

小组展示交流吊脚楼搭建作品

深度探究:你们搭建的吊脚楼是否和以下图片类似? 它们真的是吊脚楼的模样吗?

学生搭建的吊脚楼作品

答疑解惑:"吊脚"一般是指建筑的一部分搁在下吊的脚柱上,使底部凌空的一种处理手法,是适应山地地形的一种建筑方式。吊脚楼通常是一种前虚后实的楼居,前半部是架空的楼房,后半部是接地的平房。据考,今之吊脚楼,袭古干栏建筑之遗风,且楼多悬于高崖、陡坎或河岸溪谷之上,可称作"半干栏建筑"。

干栏式建筑与吊脚楼区别示意图

## 五、研学旅行

经过前面的学习,你已经对吊脚楼有了初步的认识。你是否还没有见过真正的吊脚楼? 那我们通过一次研学旅行去一探究竟吧!

### 1.研学主题:渝你相约·初识偏岩

### 2.目的地介绍

偏岩古镇坐落于重庆市北碚区金刀峡下峡口黑水河畔,是重庆通往华蓥古道上的一座工商古镇,昔日商贾云集,商贸繁荣,名播川、陕、湖、广。虽经数百年的时代变迁,但其街道、建筑、民风、市情仍然保留着昔日古朴、优雅的风貌。古镇依山傍水而建,幢幢木屋砖舍依山分布,重重叠叠,错落有致。一条蜿蜒曲折的黑水滩河紧紧环抱着古镇,缓缓流动的河水清澈见底,河岸高大粗壮的黄葛树疏密相间。这些百年老树,盘根错节,棵棵枝繁叶茂,像巨大的伞遮天蔽日,掩映着傍水而筑的民居小舍。

### 3.研学目的

(1)实地考察巴渝民居吊脚楼的建造环境与选址。

(2)了解巴渝民居吊脚楼的建造背景。

(3)实地考察巴渝民居吊脚楼的现状,探讨保护方案。

## 4.研学任务

### "渝你相约·初识偏岩"研学旅行任务单

| |
|---|
| 1.请描述偏岩古镇吊脚楼群的地理位置和所在的地理环境。 |
| 提示:用绝对位置、相对位置等方式描述地理位置;用"文字+图片"的方式描绘地理环境。 |
|  |
| 2.寻找有巢式的家,观察吊脚楼与黄葛树的关系。 |
|  |
| 3.观察黑水河畔堆叠的木料的特征,推测其作用。 |
|  |
| 4.观察吊脚楼柱料的更替,推测其年代的变化。 |
| 提示:吊脚楼的柱子材料从木质、石灰到水泥,推测其变化的原因。 |
|  |

课外拓展:有同学在研学过程中发现吊脚楼的吊柱不是垂直插入地面的,而是斜插入墙壁的,你知道其中的缘由吗?

吊脚楼的吊柱形态

答疑解惑:吊脚楼的吊柱斜插入墙壁,一方面可利用三角形的稳定性加固吊脚楼结构;另一方面可避免吊柱在河流汛期被淹没、冲毁、腐烂。

### 5.研学反思

通过本次研学旅行,你对吊脚楼是否有了更深刻的认识?在研学过程中你还有其他的发现吗?请用手绘海报的形式总结本阶段的学习成果。

# 解密吊脚楼

在课程第一阶段的学习和研学旅行中,我们发现吊脚楼是一种"前虚后实"的半干栏式建筑,吊脚楼的脚柱斜插入墙壁中,与其构成三角形的稳定结构。巴渝传统民居吊脚楼建筑中还隐藏了哪些精巧绝伦的艺术工艺和独具匠心的伟大智慧呢?让我们一起走进吊脚楼,解开吊脚楼屹立千年的秘密吧!

## 一、吊脚楼的力学分析

比萨斜塔为什么斜而不倒?赵州桥为何能一孔石桥飞跨洨河之上?首都机场T3航站楼为何设计为形如巨龙的造型?在建筑工程设计中,最主要的科学原理便是力学原理。工程设计人员必须充分掌握建筑物中各个构件的互相作用情况、承载能力以及传力途径等知识,才能保证建筑设计的安全性、稳定性、耐久性以及建筑工程的施工质量。

在建筑力学中,重心与力矩是两个基础概念。重心指物体各部分所受重力的合力的作用点,在物体内各部分所受重力可看作平行力的情况下,重心是一个与物体质心重合的定点,与物体所在位置和如何放置无关。力矩是描述力对物体产生转动效应的物理量,其大小等于力在垂直于转动轴的平面上的分量和此分力作用线到转动轴垂直距离的乘积。在建筑设计中,准确掌握建筑重心、力矩等关键信息,有助于保持建筑的稳定性,提高其抗压性。

**实验探究一:搭建斜塔**

材料准备:体积和质量相同的字典若干、直尺、课桌。

实验要求:在桌面上自下而上重叠字典,使上一层字典头部悬空,重复此步骤叠加字典,测量并记录字典数量及相邻两层字典的尾部距离,并将测量数据填入下面的表格中。

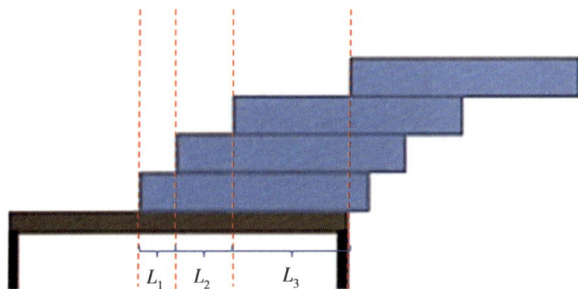

斜塔搭建示意图

## 搭建斜塔实验记录

| 摆放字典数量 | 两字典尾部距离 |
|:---:|:---:|
| 1 | $L_1=$ |
| 2 | $L_2=$ |
| 3 | $L_3=$ |
| …… | …… |
| $n$ | $L_n=$ |

实验结论:将上表中两字典尾部距离全部相加,即"$L_1+L_2+L_3+\cdots\cdots+L_n$",等于____。从实验中你发现了什么规律?这对搭建吊脚楼有什么启发?

答疑解惑:通过实验,我们可以发现以下两个规律:(1)上一层字典悬空面积不能超过下一层字典面积的$\frac{1}{2}$,即必须保证字典重心位于下层字典上;(2)最顶层字典相较于底层的桌面,可以做到完全悬空。也就是说,在吊脚楼的搭建中,理论上没有吊柱也能维持建筑的基本稳定,吊柱的存在则进一步加强了吊脚楼结构的稳固性。

学生合作开展搭建斜塔实验

课外探究:从建筑结构角度出发,你能通过哪些办法使房屋悬空的部分更多,得到更大的居住空间呢?

**实验探究二:三根小木棍能挂多少瓶矿泉水?**

材料准备:小木棍、棉绳、装满水的矿泉水瓶若干。

实验要求:用三根小木棍搭建一个稳定的承重结构,将棉绳连接矿泉水瓶颈部和小木棍,松手保持稳定后,逐个增加矿泉水瓶,直至小木棍承受不住水瓶重量而折断或坍塌,记录下最多承受的矿泉水瓶数量。

三根小木棍承重实验

设计方案:请先画出你的设计方案,再进行实验。你也可以多设计几个方案,逐一实验比较哪种方案承重能力最好(可以另附纸)。

| 设计方案一 | 设计方案二 | 设计方案三 |
|---|---|---|

实验结果:承重能力最强的是_____,一共挂了_____瓶

矿泉水，质量是_____。为什么该设计方案承重能力最强？这对吊脚楼的搭建有什么启发？

科学原理：被撑开的棉线对小木棍C有往里的挤压力，这个挤压力保证了棉线和木棍之间有足够的摩擦，为小木棍B提供了支撑力。而小木棍B又为小木棍A提供了支撑力。所以这三根小木棍相互支撑形成了一个整体支架，达到了力的平衡。

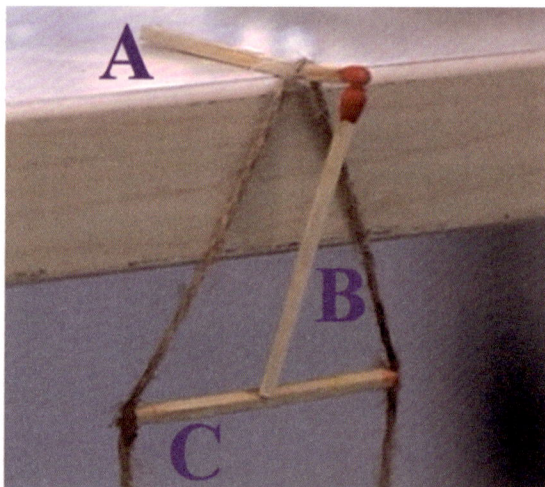

三根小木棍承重实验

课外探究：古希腊哲学家、数学家、物理学家阿基米德说过"给我一个支点，我就能撬起整个地球"，结合物体的受力分析和杠杆原理，你认为这句话正确吗？试说明原因。

## 二、榫卯结构

从鲁班锁到"东方之冠"，古往今来，榫卯撑起"广厦千万间"。到底何为榫卯？古语有云：榫，剡木入窍；卯，以虚入盈。榫卯是在两个木构件上所采用的一种凹凸结合的连接方式。凸出部分称为榫，或叫榫头；凹进部分称为卯，也叫榫眼、榫槽。榫和卯相互咬合，起到连接固定的作用。

中国古代的建筑，大多毁于战火，或毁于时间侵蚀，但仍然有很多建筑保留下来，如恒山悬空寺、应县木塔、北京天坛祈年殿等等，它们经历千百年风雨依然安然无恙的关键在于榫卯结构构成了古代建筑富有弹性的框架结构。在建筑遭受巨大冲击时，独特的榫卯结构可以允许产生一定的变形，以力泄力，以柔克刚，使建筑历经狂风暴雨、强烈地震、炮弹轰击，仍然屹立千年。榫卯是世界建筑界最早具有科学设计意义的存在,在中华文明发展史上,如同汉字一样,源远流长。

同学们,你们想体验榫卯结构的制作过程吗? 请参考以下流程。

画稿 → 选料开料 → 压刨 → 开榫 → 开槽 → 拼合组装 → 打磨上蜡

榫卯工艺的一般流程(方框内为重点体验环节)

材料准备:木料、锯子、电钻、锉刀、铅笔、直尺、A4纸。

画稿要求:

(1)符合榫卯结构的特点(凹、凸)。

(2)符合现有木料尺寸(10 mm×10 mm×300 mm、8 mm×8 mm×300 mm)。

(3)以个人为单位,可设计多种样式。

(4)榫肩①填涂阴影。

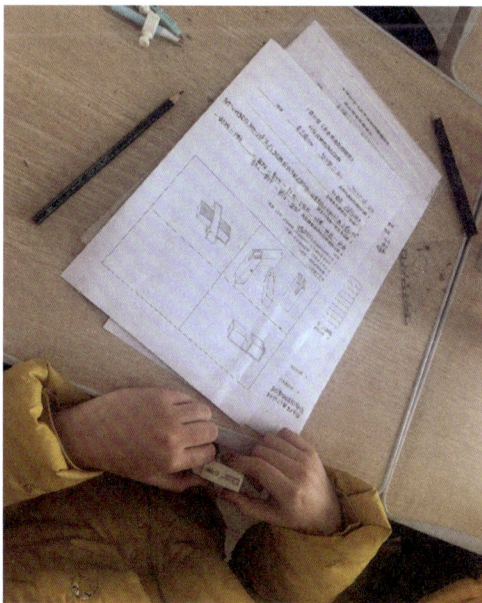

学生所画榫卯结构设计图

注意事项:

(1)开榫、开槽之前先在木材上画线。

(2)锯、钻、磨等操作前需先将木材固定住。

(3)严禁擅自使用电器,需在老师协助下使用。

---

①榫头除榫舌部分外,出榫料断面与榫眼料接合的部分称榫肩。

（4）活动过程中严禁擅自离开小组活动区域，严禁嬉戏打闹。

安全警示：本活动具有较高的危险性，请在使用工具前，认真学习工具的使用规范，并在老师或家长的陪同下开展制作，切忌擅自行动！活动前可以准备好酒精、碘伏、创可贴等消毒物品，以便在发生意外时及时处理伤口。

在木料上画线

固定木料

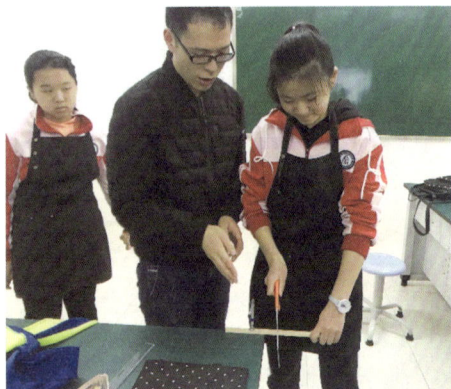
在木料上开榫和开槽

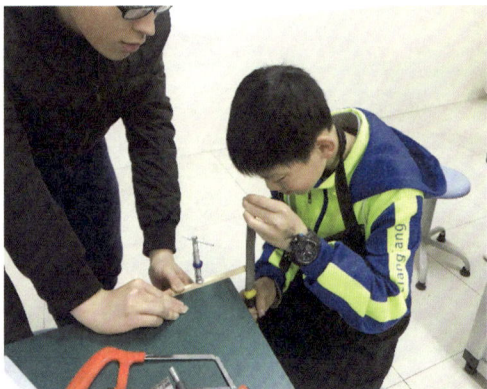
打磨榫卯工艺

知识拓展：榫卯结构根据咬合特点可以分为不同类型，请参照下图，分析你做的榫卯结构属于哪种类型？并设计更多类型的榫卯结构。

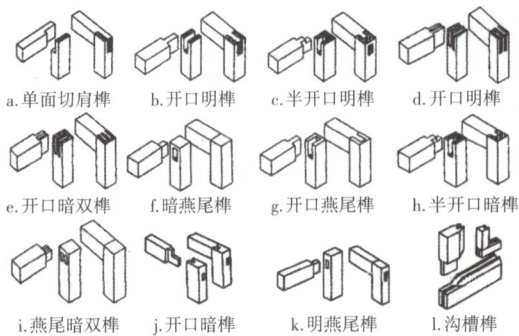

a.单面切肩榫　　b.开口明榫　　c.半开口明榫　　d.开口明榫

e.开口暗双榫　　f.暗燕尾榫　　g.开口燕尾榫　　h.半开口暗榫

i.燕尾暗双榫　　j.开口暗榫　　k.明燕尾榫　　l.沟槽榫

榫卯结构类型

学生制作的榫卯结构

课外探究：你还可以尝试三个及三个以上榫卯构件的拼接，使其成为稳固结构。

## 三、穿斗式结构

同学们，你们在课程"初识吊脚楼"阶段搭建的吊脚楼为什么不稳固呢？分析原因：一是没有使用榫卯结构方式，二是没有进行受力分析以形成稳固的房屋结构。或许，你在完成本部分内容的学习后，能够找到搭建稳固房屋的秘诀！

木构架结构是中国古建筑的主要结构方式，它们是以榫卯结构为基础发展形成的。中国古代木构架有抬梁、穿斗、井干三种方式。其中，穿斗式结构多用于民居和较小的建筑物，是巴渝传统民居吊脚楼的主要结构。什么是穿斗式结构？

穿斗式结构是由柱距较密的落地柱直接承接而成，这种落地柱不会沿房屋进深方向设计架空梁架，而是把柱子组成排架，每排柱子靠穿透柱身的穿枋横向贯穿起来，形成一榀形构架。同时，每两榀构架之间以斗枋连接，形成一个稳定的空间构架。

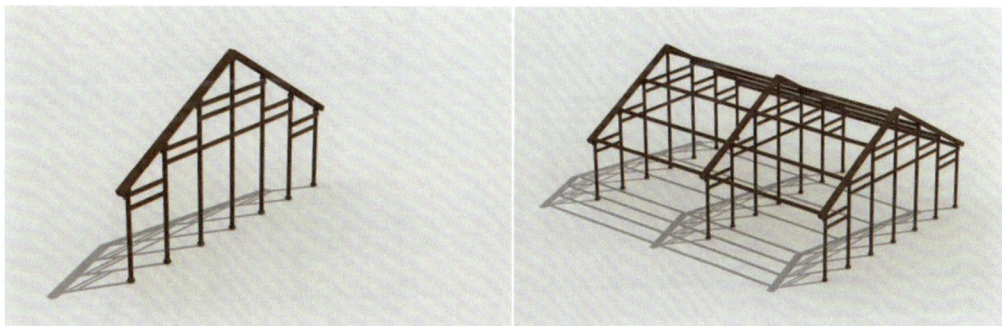

穿斗式建筑结构示意图

深度探究：你能说出吊脚楼各组成构件的名称吗？

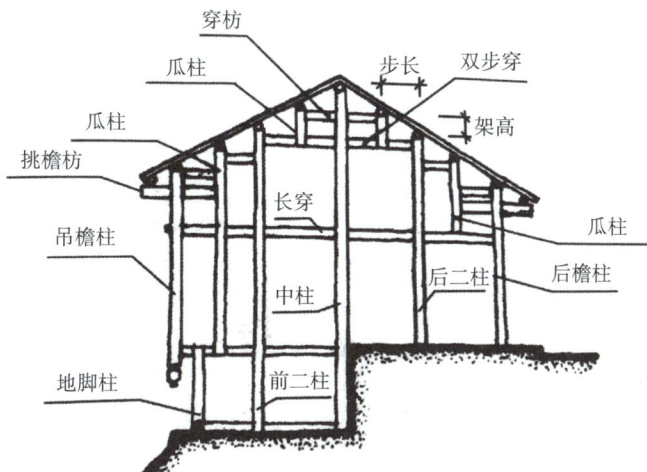

吊脚楼中各木构件名称

答疑解惑：如图所示，吊脚楼由多个木构件构成，其中垂直于地面的构件称为"柱"，根据水平位置，可分为"前柱""中柱""后柱"；根据分布高度及形态特征，可分为"瓜柱""脚柱""吊柱"等。平行于地面的构件称为"穿"，根据所在位置和穿过柱的数量，有不同的命名。相邻两"柱"的水平距离称为"步长"，相邻两"穿"的垂直距离称为"架高"。由柱和穿交织相互组成，以榫卯结构连接的一个平面结构体称为"一榀"。多个榀构架之间以"斗"连接，形成一个稳定的空间构架，即"穿斗式结构"。

## 四、功能分区

传统吊脚楼的内部空间通常分为上、中、下三层：底部空间架空，用于堆放杂物或圈养牲畜；中间空间封闭或半封闭，作为生活起居的功能区域；上层空间储存食物，呈半开放状态以满足自然通风的要求。

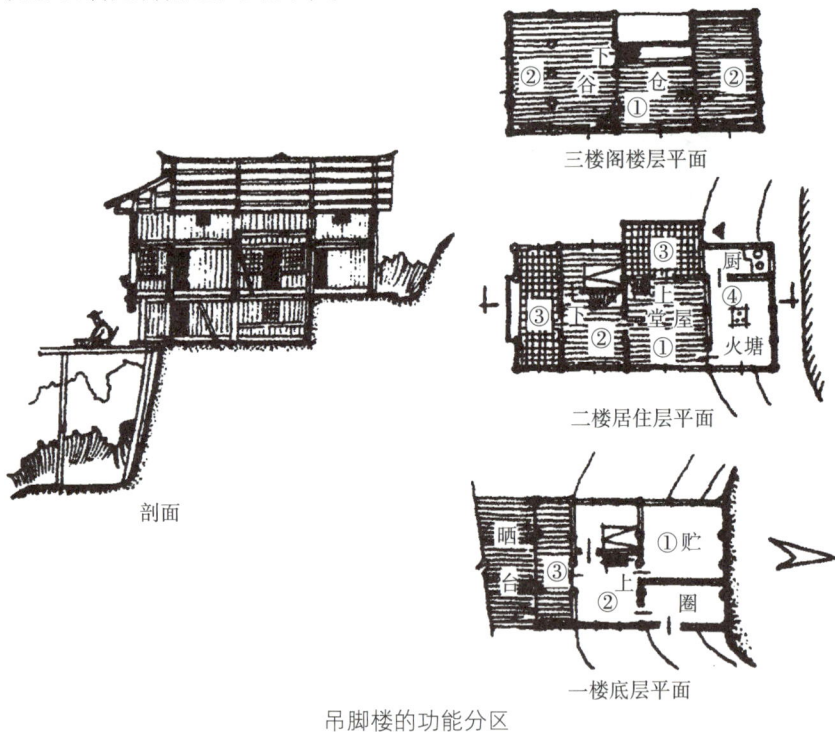

剖面

三楼阁楼层平面

二楼居住层平面

一楼底层平面

吊脚楼的功能分区

深度探究：你能说出图中各楼层房间的主要功能吗？

答疑解惑：一楼底层中，①代表圈栏，主要用于圈养牲畜和家禽，堆放柴草、农具和贮存肥料；②代表厕所，一般位于楼梯脚边；③代表晒台，利用露天空间，晾晒粮食。

二楼居住层中，①代表堂屋，类似于现代住宅的客厅，厅内设神龛祭拜，是起居和社交活动的主要场所，具有连接同层、底层和上层的交通枢纽作用；②代表退堂，类似现代住宅的阳台,退堂与挑廊共同构成半户外空间,外侧设置有座位的弯曲栏杆供娱乐休憩;③代表卧室,分布在堂屋两侧,靠外房间一般为年轻人使用,靠里房间为家里老人使用;④代表火塘和厨房,火塘可以烘烤食品,围坐取暖,厨房与火塘关系密切,彼此紧邻,使用上较方便。

三楼阁楼层中,①代表谷仓,是半开敞或全开敞空间,空气畅通,利于风干储藏粮食和堆放杂物;②代表女儿房或客房,便于未嫁女儿以及更多人口居住。

课外探究:传统民居吊脚楼和现代住宅的功能区划分有何区别和联系?这体现出传统文化在社会发展中的哪些传承和演变?

## 五、研学旅行

经过前面的学习,你已经对吊脚楼的结构有了初步的了解。你是否还没有认真观察过现实中吊脚楼的结构和功能?那我们通过一次研学旅行去一探究竟吧!

### 1.研学主题:渝你相约·再会作孚馆

### 2.目的地介绍

卢作孚纪念馆位于重庆市北碚区朝阳街道,雄峙嘉陵江畔。纪念馆为典型的穿斗式结构,临江一侧为吊脚楼组合,馆内呈三进三重四合院布局,具有浓厚的地域特色和时代特征。1927年卢作孚先生出任江(北)、巴(县)、璧(山)、合(川)四县特组峡防团务局局长,将此地设为峡防局办公地。中华人民共和国成立后,峡防局被改建成为普通居民区,最多时有20多户人在此居住。2009年,该址被确定为市级文物保护单位,2010年北碚区严格按照"修旧如故"原则完成保护性修缮,170多根柱头中有20多根原始柱头都最大限度予以保留。

### 3.研学目的

(1)实地考察巴渝民居吊脚楼中榫卯结构的类型。
(2)实地考察巴渝民居吊脚楼的内部结构及构件组成。
(3)实地考察巴渝民居吊脚楼的空间划分及功能分区。

### 4.研学任务

**任务一:寻找榫卯结构(20分钟)**

要求:

（1）在卢作孚纪念馆中寻找不同类型的榫卯结构。

（2）找到后先用相机拍照，再画出草图，并写出榫卯结构类型。

用相机记录榫卯结构

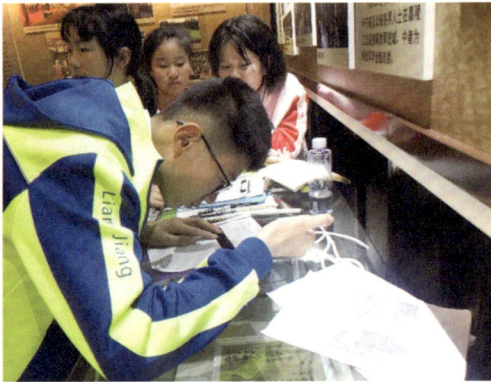

绘制发现的榫卯结构简图

## 任务二：设计功能分区（40分钟）

要求：

（1）用卷尺测量空间的实际平面距离。

（2）设定比例尺，画出空间平面图，图上标出实际距离。

（3）在平面图上进行吊脚楼的功能分区，标出各区域名称。

观察并测量馆内空间

商讨并绘制馆内功能分区图

## 任务三：提出问题，解决问题（40分钟）

要求：

（1）请根据所学内容，预想后期自主搭建吊脚楼过程中可能出现的问题。

（2）请通过查阅资料和馆内考察，试图解决所提出的问题。

# 重塑吊脚楼

通过前两阶段的学习，我们已经了解了巴渝民居吊脚楼的独特结构和建造方式。正是凭借榫卯工艺和穿斗式建筑结构，吊脚楼在百年来的风雨中才能屹立不倒，历久弥新。同学们，这样的吊脚楼和你们在课程学习之初尝试搭建的吊脚楼是否有本质的区别？你做好准备重新搭建一座真正的吊脚楼了吗？传统民居在现代社会中保护现状如何？又有哪些方面需要改进？让我们带着这些问题，走进最后一阶段"重塑吊脚楼"的学习。

## 一、图纸设计

相信此刻的你脑海中已经浮现出一座独具匠心的吊脚楼模型了，你是否已经迫不及待地想开始动手建造了？但是如何将你的设计意图表达给组员呢？这需要通过绘制图纸来实现。图纸是建筑设计的语言，它可以借助一系列的图形符号、数字和必要的文字说明，表达设计对象的形状、大小及各部分的相互位置、构造、功能、原理等。如何准确地进行图纸设计？我们在此之前需要掌握两个基本能力。

**必备能力一：三视图的绘制**

一个视图只能反映物体的一个方向的形状，在多数情况下，是不能清晰地反映物体的完整形状和结构的，因此我们需要从三个不同方向对同一个物体进行投射。三视图是指观测者从正面、上面、左面三个不同角度观察同一个空间几何体时所看到的平面图形。从物体的前面向后面投射所得的视图称为主视图或正视图；从物体的上面向下面投射所得的视图称为俯视图；从物体的左面向右面投射所得的视图称左视图或侧视图。

在三视图的绘制中，我们要注意以下规则：①主视图和俯视图的长要相等；②主视图和左视图的高要相等;③左视图和俯视图的宽要相等。

示例:请画出下面几何图形的三视图。

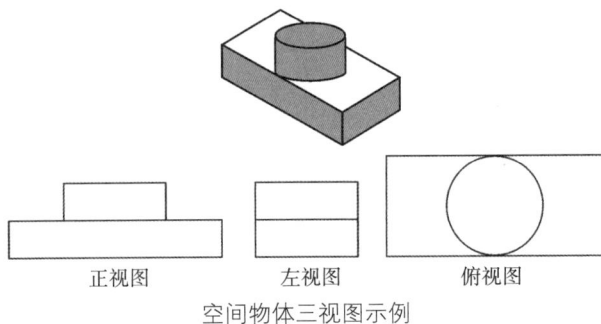

空间物体三视图示例

### 必备能力二:比例尺的计算

一座吊脚楼的实际占地面积很大,我们在画设计图纸时找不到这么大的纸张,这就需要我们将实际距离按一定的比例缩小,再画在图纸上。一幅图的图上距离和实际距离的比,叫作这幅图的比例尺。对于同一物体,比例尺越大,所需图幅面积越小,表达内容越详细;反之,比例尺越小,所需图幅面积越大,表达内容就越粗略。因此,我们在作图前,须根据纸张大小与实际面积,合理确定比例尺大小。

在比例尺确定之后,我们需将使用的比例尺写在图纸的相应位置。比例尺的表达一般有三种方式:①数字式:例如1:5000;②线段式:例如 $\underset{0\quad 50\ 100}{\vdash\!\!\vdash\!\!\dashv}$ 米;③文字式:例如图上1厘米表示实际距离50米。

示例:有一座楼房实际高度90米,画在图纸上高2厘米,请写出该图的比例尺。

数字式:1:4500;线段式: $\underset{0\quad 45\ 90}{\vdash\!\!\vdash\!\!\dashv}$ 米;文字式:图上1厘米表示实际距离45米。

掌握以上两个必备能力后,相信你能够将设计图纸呈现得更加准确和丰富了。现在请你画出欲搭建吊脚楼的三视图及楼层的功能分区图。

材料准备:坐标纸、铅笔、橡皮、直尺等。

画图步骤:

第一步:根据坐标纸图幅大小,初步确定图纸的比例尺。

第二步:画出欲搭建模型的侧视图(即穿斗式结构建筑中"一榀"的图纸)。

第三步:画出欲搭建模型的正视图(榀间距则为图中的柱间距)。

第四步:画出欲搭建模型的俯视图(多数情况为屋顶的俯视图)。

第五步:画出欲搭建模型的楼层功能分区图(注意与侧视图、正视图的比例尺保持统一)。

绘图建议：

(1)注意所绘四幅图尺寸统一，上下对齐，用虚线连接。

(2)可以在图中标出实际距离和功能分区图中的各功能区名称。

(3)在图中空白位置标出图名、比例尺、制图人等信息。

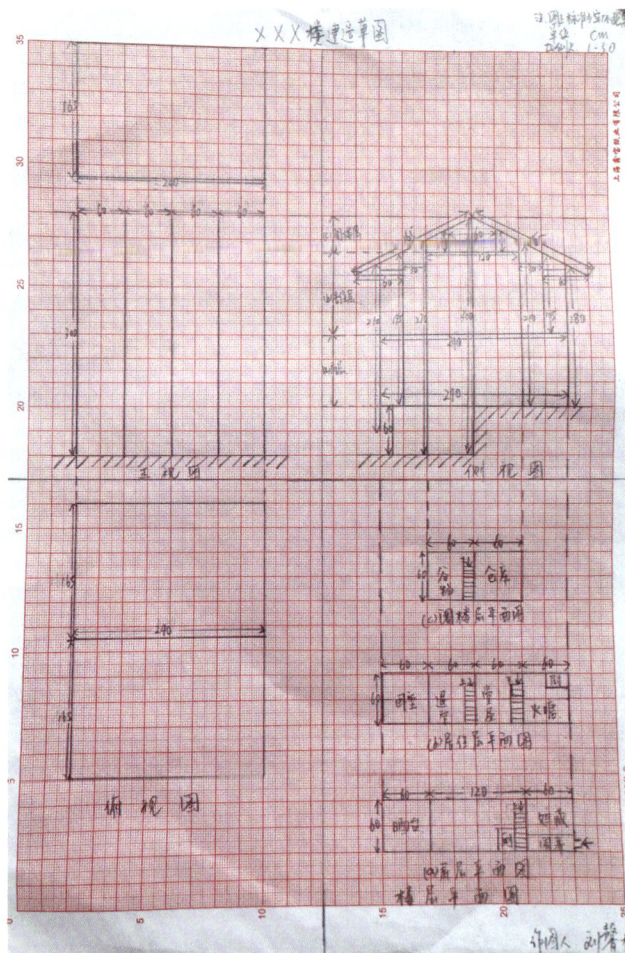

吊脚楼设计图

## 二、模型搭建

### 1.吊脚楼建筑模型搭建

现在，请将你的图纸在小组范围内交流。小组内推选出一张最佳图纸，并以此为据进行搭建。在搭建过程中注意小组成员的分工与合作。

搭建要求：

(1)搭建模型需满足吊脚楼建筑的基本特征，包括"半干栏式"建筑特征、穿斗式结构特征以及"尖顶"屋顶设计等。

（2）搭建模型中尽可能多地使用榫卯结构进行构件的连接，榫卯结构的数量和种类多样。

（3）搭建模型具备稳定性、美观性、合理性、创意性等基本特征。

材料准备：方木条若干（规格 10 mm×10 mm×300 mm、8 mm×8 mm×300 mm），圆木条若干（规格 5 mm×200 mm），薄木板若干（规格 21 mm×30 mm×150 mm），工具箱（内含电钻、锯子、美工刀、羊角锤、螺丝刀、卷尺等），铅笔、直尺、颜料、装饰材料等。

安全提醒：在使用工具前，请老师统一进行安全培训，并逐一检查学生的操作规范，合格者才能正式参与本次搭建活动。在搭建过程中，保证每个小组至少配备一名指导教师，以保证同学们全程都在老师的监督下使用工具。如果你是在家进行搭建，请邀请你的家长陪同或参与。

开始搭建：你可以参考以下步骤进行搭建，当然你也可以根据实际情况和小组分工制订出更科学合理的搭建步骤，但为保证完成效率，请在搭建之前务必制订出搭建计划并进行分工说明。

搭建步骤1：处理木构件

搭建步骤2：进行榀的搭建

搭建步骤3：将多个榀进行连接

搭建步骤4：搭建屋顶和进行功能分区

搭建步骤5:对吊脚楼进行美化和装饰

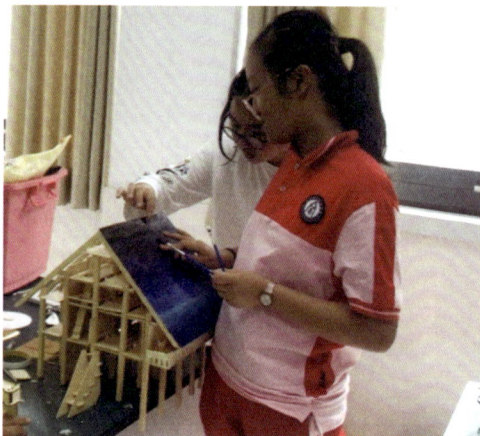

吊脚楼模型成品汇报交流

汇报交流:请将制作完成的吊脚楼模型在全班进行交流展示,在汇报环节可以重点介绍你们的设计、建筑创意以及你们在搭建过程中遇到的问题和解决的方案等,并参照下表中的内容,采用自评、互评、师评等方式开展多样化的评价。

### "重塑吊脚楼"模型搭建评价

| 评分项 | 评分内容及分值 | 评分细则 | 自评 | 互评 | 师评 |
|---|---|---|---|---|---|
| 吊脚楼特征 | "吊脚"特征(5分) | 是否符合"半干栏式"建筑特征,是5分,否0分 | | | |
| | "穿斗式"特征(5分) | 是否符合中国传统建筑穿斗式结构特征,是5分,否0分 | | | |
| | "尖顶"特征(5分) | 是否符合屋顶为尖顶的造型特征,是5分,否0分 | | | |
| 榫卯结构 | 榫卯框架(10分) | 框架结构是否完全由榫卯结构组成,一处不是扣2分 | | | |
| | 榫卯类型(10分) | 榫卯类型1~3种得3分,4~5种得6分,5种以上得10分 | | | |
| 房屋结构 | 稳定性(10分) | 落地脚是否全部"落地",按照落地比例得分 | | | |
| | 美观性(10分) | 包括外形美观(5分)和内饰美观(5分) | | | |
| | 合理性(5分) | 功能分区是否符合现实规律,一处不符扣2分 | | | |
| 创意性 | 创意性(10分) | 是否具有特色的创意点,一个点得5分 | | | |
| 完成度 | 完成效率(5分) | 完成吊脚楼主体搭建的速度,按5分、3分、1分评分 | | | |
| | 材料利用率(5分) | 各种材料的利用率,按5分、3分、1分评分 | | | |

续表

| 评分项 | 评分内容及分值 | 评分细则 | 自评 | 互评 | 师评 |
|---|---|---|---|---|---|
| | 图纸吻合度(10分) | 工程作品是否与设计图纸相符合,一处不符扣2分 | | | |
| 应用 | 可控流水灯(5分) | 是否通过程序按需求和规律控制灯的亮灭,是5分,否0分 | | | |
| | 功能类型(5分) | 应用设计的功能类型1—2种1分,3—4种3分,4种以上5分 | | | |
| | 总分 | 以上各项得分之和,为该组总分 | | | |

### 2.吊脚楼群地理环境模型营建

巴渝民居吊脚楼是一种在特定地理环境下孕育的特殊结构建筑,若是离开"依山傍水"的自然环境,吊脚楼的结构优势毫无意义。接下来,我们一起来营建一个可以容纳各小组吊脚楼的山水模型吧!

材料准备:木质底座(规格约1 m×1.5 m×0.3 m)、雪弗板若干(规格约100 mm×60 mm×50 mm)、泡沫胶水、山体地形塑形布、草皮模型、植被景观模型(可不同品类)、水景膏(河流色)。

搭建步骤:

(1)合理规划区域,在木制底座上画出河流及山脉的大致分布。

(2)将雪弗板铺设在木质底座内,营造出地形阶梯状的层次结构。

(3)将模型中的山地铺上草皮,并装饰适当的植被,河流用水景膏涂色。

(4)将各小组搭建的吊脚楼放置在适当的位置,营造出依山傍水的吊脚楼群模型。

吊脚楼群景观模型的营造

## 三、现状调查

孕育着古老智慧与精湛工艺的巴渝民居吊脚楼正在现代化的浪潮中日渐减少，不得不让人扼腕叹息，这需要我们抢救性地寻找即将消失的吊脚楼，并给予保护性的开发和利用。

田野调查：请你利用课余时间，实地走访居住地所在区县的吊脚楼，并观察、记录它们的保护现状。在调查之前，建议你向所在区县下属的街道、村委会打电话，询问各处吊脚楼的具体位置；在考察过程中，可以通过观察、访谈居民、咨询专家、查阅文献等方法，并利用笔、相机等工具记录下了解到的吊脚楼基本信息，以得到丰富的第一手资料。

案例分享：西南大学附属中学学生王毓玮、李婉玥、李欣然利用课余时间，在老师的带领下，踏上了对学校所在地重庆市北碚区的吊脚楼的寻访之旅。她们共发现区内5处具有代表性的吊脚楼群，并记录下了吊脚楼的位置、建筑外观、内部结构、保护现状等方面的信息，整理成以下表格。

### 嘉陵江北碚段巴渝传统民居吊脚楼现状调查记录表

| 地点 | 卢作孚纪念馆（原文昌宫） | 同兴村李氏民居 | 同兴村半边楼 | 水土镇中心卫生院旧址 | 偏岩古镇河边吊脚楼 |
|---|---|---|---|---|---|
| 地址 | 朝阳街道文星湾1巷1-33号 | 童家溪镇同兴正街49号 | 童家溪镇同兴正街56号 | 水土镇（无门牌号） | 金刀峡镇偏岩街93号 |
| 经纬度 | 106°26′06″E 29°50′10″N | 106°26′50″E 29°41′10″N | 106°26′52″E 29°41′11″N | 106°29′58″E 29°47′17″N | 106°39′06″E 30°00′20″N |
| 地理环境 | 位于嘉陵江右岸，高出江面约30 m；距朝阳正码头约150 m | 位于嘉陵江右岸，距江约600 m，地势有一定坡度 | 位于嘉陵江右岸，距江约550 m，地势有一定坡度 | 位于嘉陵江左岸，距江约1500 m，地势有一定坡度 | 紧邻黑水滩河左岸，高出江面约5 m |

续表

| 地点 | 卢作孚纪念馆（原文昌宫） | 同兴村李氏民居 | 同兴村半边楼 | 水土镇中心卫生院旧址 | 偏岩古镇河边吊脚楼 |
|------|------|------|------|------|------|
| 建筑现状 | ①建筑物外部有开裂现象，尤其是柱子<br>②基座部分砂岩风化严重<br>③内部楼梯有的有轻微破损 | ①外部墙体轻微拱起，墙体破损，且上下部颜色深浅不同<br>②支撑二楼的柱子轻微倾斜，屋顶青瓦破损严重<br>③内有一间房垮塌，楼梯破损严重 | ①窗户有破损现象<br>②墙面被雨水冲刷痕迹明显 | ①屋顶青瓦破损严重，形成大空洞<br>②窗户有破损<br>③支柱和房梁有松动和掉落现象 | ①支撑一楼的柱子处有新垒起的石块及砖<br>②整体外观良好 |
| 保护情况 | ①消防设备齐全<br>②2009年被列为市级文物保护单位；2010年政府进行了保护性修缮 | ①政府贴有危房牌和24小时报修电话<br>②有安装灭火器<br>③柱上有油漆，以作防虫防潮之用 | ①家庭正常使用<br>②无消防设施<br>③经过修缮，已失去原有的吊脚楼风格 | 无任何保护情况 | ①每50 m²有一个灭火器<br>②有防火抽油烟机<br>③修筑了加固支柱 |

　　课外探究：你关注过家乡的传统民居吗？请参考上述案例，对家乡传统民居进行走访调查，并以表格的形式记录下来。

## 四、推广与传承

　　在田野调查的过程中，不难发现，传统民居吊脚楼的保护现状不容乐观，其原因不仅是缺乏资金、难以修缮，更重要的是普通百姓对保护吊脚楼的意识薄弱，未意识到其价值及保护传统文化的重要性。为唤醒百姓内心对巴渝传统吊脚楼的认同感和责任感，同学们可以尝试在老师的带领下开展以下活动。

### 1.吊脚楼logo设计征集活动

　　你可以通过发放问卷的方式面向全区中小学生及其他社会人士开展"吊脚楼logo

设计征集"活动,同时在网络上发起"我最喜欢的吊脚楼 logo"投票活动,选出优秀作品。

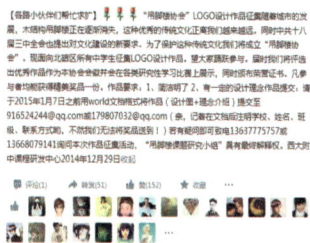

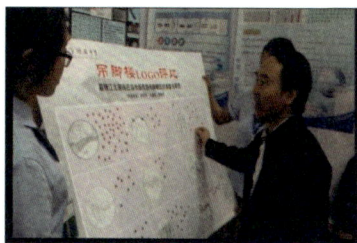

吊脚楼 logo 征集活动及优秀作品(右图为孙樱方同学的设计)

### 2.通过白媒体(新媒体)进行网络宣传

你可以通过微博、微信、QQ、短视频平台等自媒体发布专题信息,借助网络的力量来宣传吊脚楼,呼吁更多的人关注吊脚楼,并促进相关宣传活动的顺利开展。你还可以制作与吊脚楼相关的电子书和云平台,不断扩大民众对吊脚楼的关注、认知和保护。

### 3.制作吊脚楼文化用品

你可以选取典型的吊脚楼照片或绘画作品,制作明信片、钥匙扣等周边产品,这不但具有纪念意义与实用价值,而且也可以无形中提高人们对吊脚楼的了解程度与保护意识,传播吊脚楼文化。

课外实践:你还能想到哪些推广与传承传统民居吊脚楼文化的方法和途径?可以在全班分享,并在老师、家长的帮助下去实现它。

## 综合素质评价

同学,恭喜你已经完成"巴渝民居"课程全部内容的学习,接下来请你和班级同学、老师、家长一起对自己的表现进行评价吧!

首先,请对本阶段课程汇报进行评价。评价由海报美观性、模型还原度、表达清晰度、内容完整性、分析深刻性五个维度组成,每个维度20分,总分100分。请在完成自评、互评、师评后,算出平均分作为最终得分。如果你们是以小组为单位开展活动和汇报,那么请算出小组得分。

### "巴渝民居"课程阶段汇报评分细则

| 评价维度<br>(各20分) | 评分细则 | 自评<br>得分 | 互评<br>得分 | 师评<br>得分 |
|---|---|---|---|---|
| 海报美观性 | 手绘海报是否做到图文并茂、整洁美观、富有创意 | | | |
| 模型还原度 | 搭建模型是否做到结构稳固、造型别致、还原度高 | | | |
| 表达清晰度 | 语言表达是否做到流畅、清楚、有感染力、有逻辑性 | | | |
| 内容完整性 | 汇报内容是否做到板块完整、内容全面、有趣味性和故事性 | | | |
| 分析深刻性 | 汇报内容是否做到观察细致、分析深刻、有思考和见解 | | | |
| 总分 | | | | |
| 总平均分 | | | | |

接下来,请你在家长、老师、组员的协助下,总结你在"巴渝民居"课程阶段中的收获。你可从科学(S)、技术(T)、工程(E)、艺术(A)、数学(M)五个维度入手,每个维度尽可能多地列出获得的知识或技能,注意内容逻辑相互不交叉。你还可以用不同颜色的笔将花瓣涂上颜色,根据收获由多到少分别涂上绿色、蓝色、黄色、橙色、红色,以此提醒自己在下一阶段的学习中哪些方面应该加强重视。

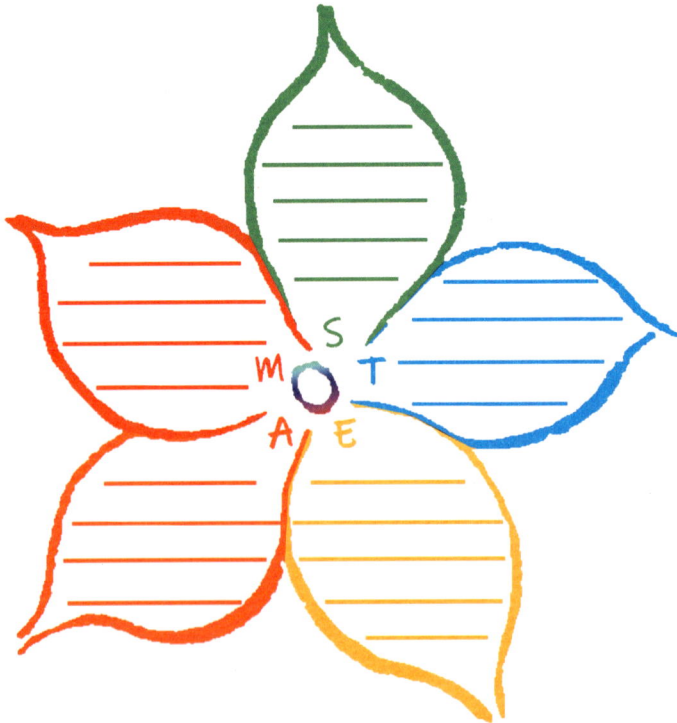

基于STEAM理念的"巴渝民居"课程阶段收获总结

最后，你还需完成个人在本课程阶段的核心素养评价。下表梳理了本阶段课程内容在《中国学生发展核心素养》三大方面、六大素养和十八个基本点中的具体表现，请根据评价标准给自己评分。你还可以将评价表中各项指标的得分绘制成雷达图，从中可分析你在本课程中各素养的发展状况，以便在接下来的课程中做出及时的调整。

基于《中国学生发展核心素养》的"巴渝民居"课程阶段评价

| 核心素养 | 一级指标 | 二级指标 | 三级指标 | 课程评价标准 | 评分 |
|---|---|---|---|---|---|
| | | | | 完全符合5分，比较符合4分，基本符合3分，一般符合2分，几乎不符合1分 | |
| 全面发展的人 | 文化基础 | 人文底蕴 | 人文积淀 | 能理解传统民居吊脚楼的历史意义与文化内涵；能理解榫卯结构原理及识别其类型，并应用于吊脚楼的搭建 | |
| | | | 人文情怀 | 在吊脚楼搭建过程中，能关注所建模型的安全性与舒适性，关切人的生存、发展和幸福 | |
| | | | 审美情趣 | 在搭建模型过程中，具有发现、感知、欣赏、评价建筑美和结构美的意识和基本能力 | |
| | | 科学精神 | 理性思维 | 能理解传统民居吊脚楼的地理分布与选址原则；能通过实验探究分析吊脚楼的受力原理，掌握穿斗式结构的搭建方式；能够设计并依据图纸搭建模型 | |
| | | | 批判质疑 | 能独立思考、独立判断；思维缜密；能多角度、辩证地分析问题 | |
| | | | 勇于探究 | 具有好奇心和想象力；能不畏困难，有坚持不懈的探索精神；能大胆尝试，积极寻求有效的问题解决方法 | |
| | 自主发展 | 学会学习 | 乐学善学 | 具有积极的学习态度和浓厚的学习兴趣；养成良好的学习习惯，掌握适合自身的学习方法；能自主学习，具有终身学习的意识和能力 | |
| | | | 勤于反思 | 具有对自己的学习状态进行审视的意识和习惯，善于总结经验；能够根据不同情境和自身实际，选择或调整学习策略和方法 | |
| | | | 信息意识 | 能够利用互联网查阅资料，发布问卷，统计结果 | |
| | | 健康生活 | 珍爱生命 | 在研学旅行和模型搭建过程中，具有安全意识与自我保护能力，不做可能伤害自己与他人的事 | |
| | | | 健全人格 | 自信自爱，坚韧乐观；有自制力，能调节和管理自己的情绪，具有抗挫折能力 | |
| | | | 自我管理 | 能正确依据自身个性和潜质选择擅长领域为小组做贡献；合理分配和使用时间与精力，能够在规定时间内完成规定的任务 | |

续表

| 核心素养 | 一级指标 | 二级指标 | 三级指标 | 课程评价标准 | 评分 |
|---|---|---|---|---|---|
| | | | | 完全符合5分,比较符合4分,基本符合3分,一般符合2分,几乎不符合1分 | |
| 社会参与 | | 责任担当 | 社会责任 | 在小组合作活动中具有团队意识和互助精神,能够积极地履行自己的职责;能够做到文明礼貌,宽和待人,主动作为,尽职尽责 | |
| | | | 国家认同 | 具有文化自信,尊重中华民族的优秀文明成果,能传播、弘扬中华民族的优秀传统文化和社会主义先进文化 | |
| | | | 国际理解 | 能够将中外建筑进行对比,融合;在日常生活中积极参与跨文化交流 | |
| | | 实践创新 | 劳动意识 | 尊重劳动,具有积极的劳动态度和良好的劳动习惯。在实践课程后主动清扫小组周边垃圾,维持教室整洁 | |
| | | | 问题解决 | 善于发现和提出问题,有解决问题的兴趣和热情;能依据特定情境和具体条件,选择制订合理的解决方案;具有在复杂环境中行动的能力 | |
| | | | 技术应用 | 具有学习掌握制图技术、木艺技术、编程技术等的兴趣和意愿,并能利用技术将创意和方案转化为有形物品——吊脚楼模型 | |

# 第二章

# 智慧农场

为加快农业农村现代化建设，我国提出了乡村振兴战略。对生产者而言，如何根据消费需求变化调整发展思路显得尤为重要；对中学生来说，自己动手建设具有校园特色的小规模智慧农场，通过实地培育、观察、记录等方式真切感受现代及未来农业发展魅力的同时，也能够进一步提升综合素养。但智慧农场的建立并非一日之功，农场里面种什么？怎样才能提高农场收益？如何实现"智慧"？收获的农作物怎样处理？这些都是我们需要考虑的问题，让我们一起开启智慧农场的探索之旅。

2019年5月30日，"智慧农场"课程团队走进重庆璧山国家农业科技园区观摩学习

# 小微型生态农场

建立一个农场与公园结合、充分利用空间资源的现代化智慧立体微型休闲农场，需要以电子技术、计算机信息技术、传感器与检测技术等为主要技术手段，对各种装置和系统实施控制，以达到智能化效果。这套装置和系统对中学生来说有很大的难度，因此我们可以初步尝试建立一个小微型生态农场。既然是生态农场，那么必定也是一个生态系统，其不同的物质之间还发生着循环，内置的智能化仪器控制着系统良好运行。

## 一、生态系统

科学原理：任何一个生态系统都包括了生物群落及其环境，即生产者、消费者、分解者和非生物部分。生态系统的组成成分越复杂，其自我调节能力越强，生态系统也就越稳定。人工微型生态农场的组成成分与自然农场相比较为简单，其自我调节能力较弱，也更容易崩溃。因此，要想打造一个微型生态农场，就需要考虑生态系统如何设计。

| 生态系统组成 | 具体成分准备 | 设计要求 |
|---|---|---|
| 生物群落 | 生产者：准备哪些绿色植物？<br>消费者：大多数动物、部分植物如何安排<br>分解者：是否考虑安排细菌、真菌？ | 来源自然，细心观察，贴近现实，和谐统一，协调一致，回归自然，比例协调，大小适中，种类适宜 |
| 环境 | 光：只源于大自然还是人工创造添加？<br>空气：封闭还是开放？外界获取还是自制？<br>水：自来水？湖水？<br>土壤：沙土？黏土？<br>温度：<br>…… | |

设计要求:

(1)来源自然,细心观察,贴近现实。设计要来源于自然,反映的自然景观要尽可能逼真,贴近现实。想要打造的生态系统最终是需要运用到实际当中去的,所以在设计时必须合乎时令、节气,不能凭空任意捏造,否则不仅失真甚至还会闹出笑话。仿照自然生态,合理设计各组成部分占比,做到计算完成后再填缸,而填缸时也应一步步进行试缸。生物数量不宜过多,并且生态系统的组成成分要齐全。

(2)和谐统一,协调一致,回归自然。在造景设计中如有水陆两地,陆地生物与水中生物需要和谐统一。根据所要营造的自然景象,考虑陆地景致、水体环境,选择合适的陆生、水生动植物,这样才能使生态系统协调一致,真正地回归自然,尽享大自然的景色。有合适的食物链结构,形成一定的营养结构,必须能够进行物质循环和能量流动,在一定时期内保持稳定。

(3)比例协调,大小适中,种类适宜。如有水陆景观,水景、陆景占比要协调,而不是简单地各半,或三七开、四六开,否则会造出"水漫金山"或"湖库干涸"的不协调景观。有设置瀑布的,瀑布流落的位置、落差与水中"深潭"的比例也需协调。其中陆地植物、水中水草的品种及大小都要适中适宜。如山上的"树"应该有多大、多高,是"枝繁叶茂"还是"才吐新芽";水中水草是"细如针丝"还是"丰腴肥硕"。这些都要与营造的景观及时令相一致,否则造出的景观就会给人不协调、不舒适的感觉。

**思考** 生态系统是开放的还是封闭的? 系统的各个组成部分,需选择哪些种类? 数量比例分别是多少? 这些组成部分分布在哪些位置? 需要添加哪些可操作的装备?

## 二、循环系统

科学原理:自然界的四大物质循环分别是大气循环、水循环、岩石圈物质循环和生物循环。

大气循环——地球的形状与运动,造成太阳辐射对地表的增温存在差异,辐射强的地方升温快,气流垂直上升,近地面形成低压;反之,太阳辐射弱的地方升温慢,气流下沉形成高压。在对应的高空则"热高压、冷低压"。这样同一水平面产生气压差,进而引起大气由高压流向低压的水平运动,从而形成热力环流过程。这个过程影响着天气和气候,同时也造成了许多气象灾害。

**思考** 由于海陆热力的不同,海洋和陆地的温度是否相同? 在海滨地区,白天你能感受到大气如何运动吗? 晚上呢? 山谷与山坡之间是否存在热力环流?

水循环——地球上各种形态的水,通过蒸发、水汽输送、降水、下渗和径流等环节,不断发生着周而复始的运动,这个运动过程就是水循环(如下图)。水循环的关键在于水的形态变化。而水之所以能够变化形态,主要得益于太阳辐射。水体吸收太阳辐射,由液态、固态变为气态,进入大气;盛行风带会把海洋上蒸发的水汽输送到陆地上空,形成了海洋水与陆地水的联系;降水则是由水体蒸发、植物蒸腾的水汽抬升后冷却凝结降落形成的,其中有一部分降落到地面后由地面汇流到沟谷、河谷形成地表径流;也有一小部分沿着土壤空隙和岩石裂隙渗入地下,转化为地下水,形成地下径流;有极少一部分被植物截留;地表径流和地下径流注入海洋,与海水蒸发、水汽输送、降水一起组成了海陆间的水循环。

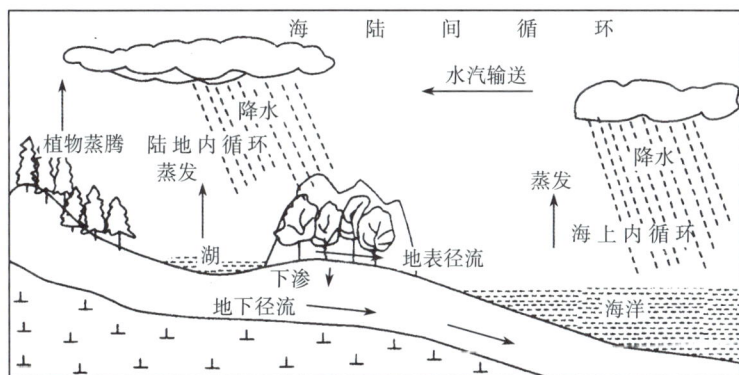

水循环示意图

**思考** 水循环某个环节的变化会影响其他环节,甚至整个水循环。地面硬化对降水的蒸发、下渗,甚至流向产生了哪些影响? 植被破坏对降水的蒸发、下渗和地表径流产生了哪些影响? 除此之外,还有哪些人类行为影响着水循环?

岩石圈物质循环——岩石是组成地壳的物质之一,是构成地球岩石圈的主要成分。岩石的形成必定经过漫长的地质变化。它深埋于地壳之中或堆积于地表之上。根据形成原因,岩石可以分为岩浆岩、沉积岩和变质岩三类。岩浆岩是由地下炽热岩浆上升,侵入到地壳中或喷出地面后冷却凝固形成的。沉积岩是在风吹、雨打、日晒及生物作用下,经过风或水搬运后沉积固结而形成的。变质岩是在高温、高压的条件下,岩浆岩的成分和结构发生改变而形成的一种新的岩石。三大岩石重熔再生就又形成岩浆。在内力作用(地壳运动、岩浆活动、变质作用等)和外力作用(风化、侵蚀、搬运、堆积、沉积作用等)的驱动下,三大类岩石相互转换,形成了岩石圈物质循环过程。

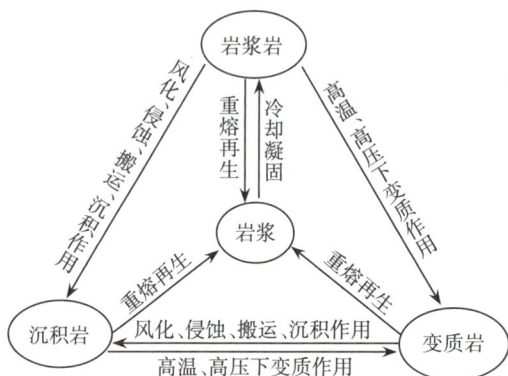

三大类岩石转换示意图

**思考** 地质循环过程反复进行,地壳体积逐渐增加,形成地球的岩石与矿物的同时也不断被破坏而形成新的物质。岩浆是如何喷涌而出的？岩石是由什么形成的？岩浆与岩石的形成有怎样的关系？

生物循环——一个生态系统包括了生物群落(生产者、消费者和分解者)及其环境(阳光、水、空气等)。生产者主要是指绿色植物,包括一切能进行光合作用的高等植物、藻类和地衣,也包括细菌(硝化细菌等)。消费者属于自然界中的异养型生物,不能直接利用太阳能生产食物,只能直接或间接地以绿色植物为食获得能量,包括食草动物和食肉动物。分解者是指生态系统中的细菌、真菌和放线菌等具有分解能力的生物,也包括某些原生动物和腐食性动物。它们能把动植物残体中复杂的有机物,分解成简单的无机物,释放到环境中,供生产者再一次利用。通过植物根系吸收、光合作用、动物取食、呼吸分解、死亡归还、微生物分解等途径使物质和能量在非生物环境、生产者、消费者、分解者之间不断地循环或流动,形成了生物循环过程。

教师授课

## 三、智能化管理系统

小调查：你了解小微型生态系统了吗？如果是由你设计布局一个小微型生态系统，在设计智能化管理系统时你会考虑哪些因素？

根据上述知识储备，为保证系统的稳定性，智能化管理系统设计主要需从光照、水体、温度等因素来设计考量，势必需要设计布局水体循环系统、自动补光系统以及恒温加热系统。

1. 光照情况——光线的照射，是生物生长发育的必要条件、植物进行光合作用的基本条件，对实现自然界的能量转换、维持大气的碳—氧平衡具有重要意义。

**思考** 微型生态系统采用的光照是直接利用可见光还是人工创造添加的？

科学原理：参与植物光合作用的色素主要有两种，叶绿素 a 主要吸收红光，叶绿素 b 主要吸收蓝紫光。波长 430 ~ 450 nm 的蓝紫光区以及波长 640 ~ 660 nm 的红色光区对植物光合作用效果最好。红光有利于植物的光合作用，进而有利于碳水化合物的合成，促进植物的茎节生长。蓝紫光有利于蛋白质的合成，对植物的生长及幼芽的形成有较大的影响；有利于茎的加粗生长，使植物形成矮壮的形态。

智能化系统：(1) 光照强度高的时候，采用自然光，节能环保；(2) 夜间或光照强度低的时候，夜间自动节能补光系统打开，针对光合作用对光存在偏好性，我们采用自动补光系统补充红蓝光。为了达到自动节能补光的目的，可以选择使用光敏电阻、继电器和 Arduino 来进行控制，光敏电阻的电阻值会根据光照强度不同而改变，由此在串联电路中，分压会改变。通过 Arduino 模拟信号串口接收电阻分压，当达到相应数值时，由数字信号串口向继电器发送信号，闭合常开端，就可以达到光照强度较弱时补光的目的。

2. 水体循环——自然界的水体循环包括海陆间循环、陆上内循环和海上内循环三类，主要动力来源于太阳辐射，其为水循环提供了水的物理状态变化和运动能量。

**思考** 微型生态系统如何满足自然界中的三类水循环？

智能化系统运用海绵城市理念，像海绵一样，具有良好的"弹性"。"渗、滞、蓄、净、用、排"6 大要素，创造性改善生态环境。下雨时通过植被吸水、混合土壤（砂土、壤土、水草泥）渗水、运用底部带孔的隔板和地下水道排水,地下水道和储水池都能起到蓄水的作用,需要时将蓄存的水释放并加以利用,在适应环境变化和应对自然灾害等方面具有良好的"弹性"。储蓄的水资源再使用滴灌循环装置从储水池牵引管道流经农场、花园等地,通过小孔隙实现对植物的滴灌,未用于滴灌的水流回到储水池,最大限度节约水资源,必要时加入水泵构建微型水循环。

3.环境温度——1 ℃的变化对于日常生活来说影响不大,但对植物生长、农业发展却有着惊人的影响。

**思考** 微型生态系统是否需要一个恒定的温度区间? 模拟实时环境温度还是创设性地改变温度?

智能化系统:气温升高1 ℃会使农作物增产、经济增长,但是气温升高所带来的问题也着实令人担忧。所以我们可以通过模拟加热器和散热器打造一个最适宜的恒温环境。控温系统可以使用继电器进行控制,传感器使用DHT11温湿度传感器感受环境温度,发送相应信号。当温度低于设定温度时,铺设镍铬合金高温电热丝就可用于升高温度;当温度高于设定温度时,布设的散热抽风扇、喷雾设施则可降低温度,使环境温度保持一个相对恒定的状态,让整个系统处于其最适应的温度。

走访调查礼嘉智慧公园

**思考** 从上图礼嘉智慧公园的照片看有红外线探测仪和喷雾设备,你知道它们的用途吗? 当何种情况发生时,设备会启动? 你能在脑海中构想出你的微型生态系统的完整形态吗?

## 四、尝试搭建

经过前面的学习,你是否对小微型生态系统建立起了初步的印象? 请尝试将你脑海中的微型生态系统搭建出来吧!

材料准备:(个例)植物有佩兰、蝴蝶兰、多肉;设备有LED补光灯、加温灯、水泵、水管、温度监测器、湿度监测器;辅助材料有硬纸板、剪刀、强力胶、双面胶、雪花石、苔藓等。

搭建步骤:

(1)小组分工,明确各成员的具体任务(模型设计、制作项目计划书、绘制三视图、搭建模型、后期美工、总结汇报等)。

(2)绘制三视图,明晰微型生态系统的具体模样。

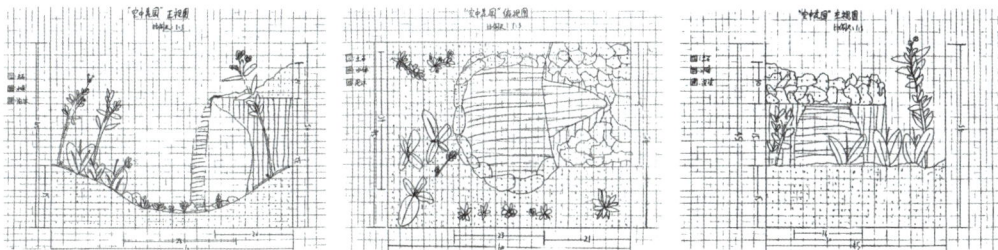

项目小组绘制的模型三视图

(3)动手搭建,形成微型生态系统的基本形态。

(4)细节处理,让微型生态系统变得更加美观和坚固。

(5)展示交流,说一说本组作品的创作理念,评一评他组作品的优缺点。

(6)修改再造,参照优秀作品取长补短进行改进。

小组展示交流微型生态系统搭建作品

深度探究:你们搭建的生态系统是怎么样的呢? 它们真的能够良好地自我运行吗?

微型生态系统学生作品

答疑解惑:项目本意是打造一个能够自我调节的微型生态系统,但事实上,由于受到空间的限制,加上为了视觉上的美观,不可能将自然环境中所有物质按自然比例原封不动地布设在微型空间内。换句话说,我们不得不舍弃其中相当一部分物质,而这些物质在生态系统中发挥的作用,必须依靠我们人为的工作来进行弥补,否则系统可能很快就会分崩离析。

## 五、研学旅行

### 1.研学主题:播种梦想·智慧未来

### 2.目的地介绍

礼嘉智慧公园位于礼嘉半岛核心区域,园区占地面积3平方公里,突出江—山—湖的空间联系,以生态、绿色、智能为本色,以前沿、时尚、高端为主基调,将人工智能、大数据、物联网等现代信息技术贯穿于生产空间、生活空间、生态空间,打造集时间、空间、层次为一体的生活场景体验平台,充分利用江、山、湖、谷、溪等生态资源,形成全方位的未来智慧生活体验区。

### 3.研学目的

(1)实地考察礼嘉智慧公园的生态环境。

(2)实地了解礼嘉智慧公园的智慧管理设备。观察、体验礼嘉智慧公园的"智慧设备",找出能运用在智慧农场上的设备,并分析和了解设备的原理、部件组成和主要设备的安装方式。

## 4.研学任务

### "播种梦想·智慧未来"研学旅行任务单

| 播种梦想·智慧未来 | | | | | |
|---|---|---|---|---|---|
| 活动任务 | 探究重庆悦来生态城规划建设 | | | | |
| 活动线路 | 智慧凉道—生态湿地—云尚花田—智慧体验 | | | | |
| 活动点1 | | | | | |
| 地点 | 智慧凉道 | 位置 | 经度： 纬度： | | 海拔： |
| | 1.凉道如何体现智慧之处？通过何种技术实现？<br>2.凉道为什么能够使人感到凉快？存在何种原理？ | | | | |
| 活动点2 | | | | | |
| 地点 | 生态湿地 | 位置 | 经度： 纬度： | | 海拔： |
| | 1.什么是生态湿地？<br>2.如果要仿生态湿地,你认为需要满足哪些条件？形成何种系统？(沿途认识植物,了解生态湿地的现状) | | | | |
| 活动点3 | | | | | |
| 地点 | 云尚花田 | 位置 | 经度： 纬度： | | 海拔： |
| | 1.在农场的日常维护中需要注意哪些方面？<br>2.在农场的日常维护中有哪些是可以通过设备收集信息或直接完成的工作？<br>3.了解云尚花田的运作及维护。 | | | | |

续表

| 活动点4 | | | | | |
|---|---|---|---|---|---|
| 地点 | 智慧体验 | 位置 | 经度： | 纬度： | 海拔： |

1.体验了几个场馆之后，你最喜欢哪个场馆？为什么？
2.其中的哪些技术，可以运用到我们的微型生态系统中？如何实现？

### 5.研学反思

　　反思思路和结果是否存在谬误，想法从何而来，思考过程是否存在问题，等等。对此，在活动最后制订反思评价表，以期优化策略与方法。

#### "播种梦想·智慧未来"研学活动反思评价表

| 评价指标 | 我的想法 |
|---|---|
| 在本次的活动探究中，我做了什么？ | |
| 本次的活动探究有什么问题尚未解决？为什么没能解决？ | |
| 本次活动探究中，对我最大的挑战是什么？ | |
| 本次活动探究对我的学习计划是否产生影响？产生何种影响？如有，请举例。 | |
| 本次活动探究激发了我的什么兴趣？请举例说明。 | |
| 通过本次活动探究，我认识到了自身的哪些优点？ | |
| 通过本次活动探究，我认识到了自身还有哪些不足？ | |
| 通过本次活动探究，我发现我可以胜任何种工作或具有什么方面的能力？请举例。 | |

　　通过本次研学旅行，你对智慧生态系统是否有更深刻的认识？在研学过程中你还有其他的发现吗？请用手绘海报的形式总结本阶段的学习成果，并将手绘海报和修改搭建的小微型生态农场模型进行再次汇报。

# 中草药农场实践

中华优秀传统文化是中华民族的文化基因、精神家园、精神命脉，而中医药文化是中华优秀传统文化的重要组成部分，所以在本阶段农场实践过程中，老师鼓励同学们选择中药材作为主要农作物。同学们需要学习中草药理论知识，进行耕地、种植等实践活动，利用信息技术、编程技术自主设计中草药农场自动灌溉等农场护理系统，最后亲自动手建自己的中草药农场。在课程开展过程中，希望同学们能够多思考、多讨论，因地制宜地给出针对农场的改进和护理的措施，从课程的被动接受者转变为课程设计的主动参与者。

## 一、中草药概述

中药是指以中医、中药基础理论作为指导，并以此来决定其应用的一部分天然药及加工品。中药主要由植物药（根、茎、叶、果）、动物药（内脏、皮、骨等）和矿物药组成。因中药大多数是植物的根、茎、叶、果，所以中药也称中草药。

**思考** 离开中医药理论，就谈不上中药。中草药产在中国，也产在国外，比如甘草。甘草在中药里有一个很响亮的名称，号称"国老"，产于我国北方、巴基斯坦、俄罗斯等地。国内很多甘草依赖进口，但为什么甘草进入我国，就变成了中药呢？

从古至今，中草药与人们的生活联系紧密。唐朝时期的《黄帝内经太素》一书中写道："空腹食之为食物，患者食之为药物。"这就反映出日常生活中的很多食材都可在中医基础理论的指导下作为中药材使用，包括大家经常在校园中看到的很多观赏植物，其实也有一定的药用价值。

校园调查：你们学校有哪些中草药呢？尝试调查并制作校园中草药名录吧！

## 校园中草药调查表

| 姓名： | | 班级： | | 组别： | |
|---|---|---|---|---|---|
| 药用植物学名： | | | | | |
| 学校内分布位置： | | | | | |
| 药用部位： | | | | | |
| 药用价值： | | | | | |
| 加工方法： | | | | | |

除了食材、观赏性植物以外，其实每个地区都有其特色乡土中草药。比如重庆石柱的黄连、垫江的丹皮、金佛山的玄参，还有北碚缙云山特有的缙云黄芪。

乡土调查：你知道你的家乡有哪些特色中草药吗？尝试实地考察家乡的中草药情况。

## 家乡特色中草药调查表

| 姓名： | | 班级： | | 组别： | |
|---|---|---|---|---|---|
| 药用植物学名： | | | | | |
| 识别特征(可绘图描述)： | | | | | |
| 药用部位： | | | | | |
| 生存环境： | | | | | |
| 背后的文化内涵： | | | | | |
| 访谈家长/老中医/药房药师等对乡土中草药的了解和看法： | | | | | |

实地考察重庆北碚缙云山的中草药

## 二、中草药市场调研

在农场的种植计划实施前,对于中草药的品种选择和对于市场前景的调查是必须做的准备,而一份好的调查问卷就是成功的第一步。

小调查:你在生活中接触过调查问卷吗？在哪些场景接触过？你知道这些问卷的调查目的吗？

同学们曾经做过教育质量检测问卷,教师评价问卷,酒店、销售等服务类行业的评价问卷。不难发现,这些问卷的目的都是为了摸清现有市场情况,针对性地采取政策或手段解决相应问题。

### 1.为什么要做市场调查

(1)ofo小黄车(简称"ofo")——从业内最强到负债累累

ofo作为共享单车出行平台最亮眼的新星,2014年创立之初是为了解决大学校园的出行问题,2015年推出共享计划,2017年迅速推广,甚至在美国西雅图、英国伦敦、法国巴黎等海外城市运营,"共享"这个概念也成了当时的热词。但在享受了初期的红利后,ofo出现了资金紧张问题,并因拖欠大笔货款被告上法庭,债务预估高达15亿元以上。

ofo做了一次市场调查,抓住了先机,但后来没能稳固发展,也是一个典型的失败案例。

(2)悟空单车之"死"

在共享单车火热的背景之下,悟空单车于2017年1月投放市场,创始人雷厚义坚持认为没有自行车道的重庆是具有战略意义的地点。但是市场并不如预期中的友好,巨头ofo垄断了市场,悟空单车只能及时止损,在2017年6月宣布停止运营,存活了短短的半年时间。

对比ofo,悟空单车显然做出了最差的市场调查。所以,"没有调查就没有发言权",在实际调查过程中,对于市场和背景的迅速摸排需要一份信度效度双高的问卷,一份好的市场调查问卷就是产品成功的重要前提。

### 2.调查问卷的设计与制作

科学原理:调查问卷的基本结构和要素。

(1)基本结构:标题—说明信—填表说明—正文—作业记录。

(2)要素:调查对象的基本信息(年龄、性别、职业……),购买兴趣(种类、品别、价格……),购买意向(途径、时间、地点……)。

准备:问卷星账号、机房。

操作步骤:

(1)登录进入问卷星平台。

(2)创建问卷。

(3)设计问题(要求超过15道)。

(4)每个小组完成350份有效问卷数据收集,下载处理为Excel文件。

深度探究:问卷中的问题设计是否应该一致?

答疑解惑:不必统一问卷标准,除了必备的问题外,按照具体情况和研究方向进行合理调整即可,以问卷的基本目的为出发点,设计问题就不会偏离主题。

### 3.调查问卷的数据分析——基于问卷星的基本功能

(1)下载问卷星的默认报告,了解数据的基本事实。

(2)分类统计数据的类别情况,详细分析。

(3)交叉分析各组数据,对比得出结论,完成调查报告。

## 调查报告

| 一、调查目的 |
| --- |
| |
| 二、调查对象 |
| |
| 三、调查问卷(A4纸打印后附在调查报告后) |
| 四、调查方法 |
| |
| 五、数据分析<br>用表格整理收集到的数据,用饼状图、圆环图、柱状图或条形图描述数据,并分析数据中蕴含的信息(只分析重要题目,不必逐一分析;至少使用一次交叉分析) |
| |
| 六、市场分析<br>结合数据分析中的信息,谈谈目前中药材市场的形势,以及本项目的前景和发展方向 |
| |
| 七、调研结果<br>通过本次调研分析,确定选择种植的中草药种类,并简要叙述选择原因 |
| |

## 三、中草药栽培

**思考** 大家已经拥有一块7 m×18 m的土地,下一步怎么办?

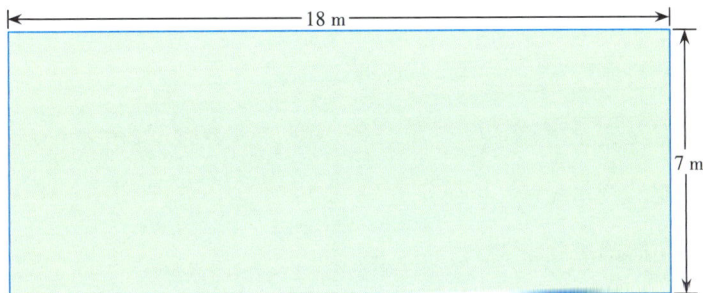

### 1.耕地

无耕耘,不收获。耕地与种植是农场运行中最首要的部分。什么是耕地?耕地是一个动词,意为用犁、耙或机器翻地,准备播种。耕地最重要的过程就是翻土,并在土地上形成一行一行的土埂,也就是垄。农作物种在垄上,这种耕作方式也叫作垄作法。上面是垄台,下面是垄沟。垄台土层厚,土壤空隙度大,不易板结,利于作物根系生长,且其与垄沟位差大,利于排水防涝,干旱时可顺沟灌水以免受旱。

部分同学在电视上、博物馆里见过耕作工具,体验过简单的耕作工具使用方式,你知道锄头、钉耙、镐等工具如何使用吗?

(1)锄头:锄地、开垄沟、耕种,将土壤翻新,除去杂草,让农作物快速生长。

(2)钉耙:可用于翻土、碎土、平土。

(3)镐:较为尖锐的镐尖也能松土。

(4)铲:平整宽大的铲面有助于铲土。

自主实践:传统的耕作工具有其优势,也有其劣势,你能否自主设计一个实用的新型工具?

讨论与交流:假设这是你们小组的用地,如何分工完成这块地的耕作?

收获与分享:实践操作过程中,开垦耕地的流程是怎样的?你有新奇的发现吗?有什么样的感受?

### 2.种植

耕地完成以后,就可以开始种植了。但是不同的中草药,对环境的需求不同,种植方式也是不一样的。同学们还需要考虑以下因素：

(1)中草药的种植时间。

(2)播种还是移栽幼苗?

(3)种植行距。

(4)种植株(穴)距。

(5)播种深度及覆土厚度。

(6)种植初期的浇水量。

(7)种植初期的施肥量。

科学原理:合理密植是指在农业种植过程中,以适宜的行、株距形成合理的田间植株分布体系,从而达到理想的产量。密植要合理,也就是不能太稀,也不能太密。太稀,农场内的植株虽能得到较好的发展,但单位土地面积光能利用不充分;太密,叶片过多,互相遮蔽,下层叶片受光少,且通风不良,株间温度高,湿度大,易发生病害。所以密植要合理,以充分利用阳光,提高光能利用率,提高单位面积产量。

## 四、一般农场维护与运行

中草药植物的生长发育除决定于植物本身的遗传因素外,还决定于外界的环境因素。外界环境因素包括温度、光照、水分、土壤和其他生物因素等。这些因素不仅影响植物的生长发育和繁殖,也会影响中药材有效成分的形成和含量。因此,同学们需要制订计划密切关注中草药的生长情况,并在必要时改良中草药生存的外部环境,以适应其生长的需要。

### 1.中草药观察日记

中草药观察日记是使中草药生长过程、种植过程可视化的非常重要的途径。信息化、智能化时代的到来,使人们获取信息的途径从纸张转变为互联网。同学们可以利用信息化时代的产物——二维码,将中草药观察日记更好地呈现在参观者的面前。人们只需要扫描二维码就能获取中草药的生长记录。

中草药观察日记记录表

| 小组介绍： | | | | | |
|---|---|---|---|---|---|
| 前言或寄语： | | | | | |
| 日期 | 天气 | 温度 | 中草药的生长记录（颜色、形状、长度、突出特点） | 田间管理 | 照片 |
| | | | | | |
| | | | | | |
| 小科普： | | | | | |
| 创意想法： | | | | | |
| 你的收获和感受： | | | | | |

让我们一起，整理中草药生长记录，撰写观察日记，对日记内容进行合理规划和排版，并且实时更新吧！

**思考** 中草药观察日记还可以具备哪些特色内容？在记录过程中，可以怎样丰富观察日记的记录形式？

学习资源：可借鉴《中草药大全》等图书中观察日记的文字表达，丰富观察日记的撰写内容，二维码的制作可以借助"草料二维码"等小程序。

### 2.农场竖牌制作

每个小组选择的种植作物可能是不一样的，各小组可以通过制作特色植物竖牌，在构建小组种植文化的同时，帮助其他同学和老师增强对农场中中草药的辨识和了解，让农场成为校园的一道独特风景线。

材料准备：木牌、木棍、防水颜料、锯子、锤子、钉子、强力胶等。

制作步骤：（1）小组讨论，确定竖牌牌面的具体文字内容和图画内容。

（2）小组分工，明确各成员的具体工作。

（3）画出草图，明晰竖牌牌面的形状和图文排版。

（4）动手制作，形成各小组特色植物竖牌。

### 3.土壤肥力测定

土壤是中草药生长发育的物质基础。土壤肥力是土壤供应和调节中草药生长所需要的水分、养分、热量、空气和其他生活条件的能力，是土壤各种基本性质的综合表现。不同中草药对土质有不同的要求。因此只有充分了解学校农场的土壤条件，因地制宜地选用和改良土壤，提高土壤肥力，才能使中草药达到高产。比较理想的土壤体积组成：空气占20%~30%，水分占20%~30%，矿物质占45%，有机质占5%。

（1）土壤质地。

土壤矿物质可分为3种类型：岩石碎片（砾石，大于2 mm；粗砂，2~0.2 mm）、原生矿物（细砂，0.2~0.02 mm；粉粒，0.02~0.002 mm）、次生矿物（黏粒，小于0.002 mm）。三种矿物质所占比例不同，也就形成了不同的土壤质地。

沙质土的性质：含沙量多，颗粒粗糙，砾石、细砂含量达50%以上。通气性能好，但渗水速度快，保水性能差，缺肥，且土温变化大。适合种植的中草药有麻黄、甘草等。

黏质土的性质：含沙量少，颗粒细腻，黏粒含量占60%~80%。渗水速度慢，保水性能好，但通气性能差，且幼苗不易出土。一般中草药都不宜在黏土中种植。

壤土的性质：介于沙质土和黏质土之间，为最佳土质。土质疏松，通气性能较好，能保水保肥，有利于中草药生根发芽。多数中草药适于壤土栽培，尤其是根茎类中草药，如地黄、山药等。

实验探究：初探土壤矿物质颗粒占比。

实验材料：土壤、清水、罐头瓶、研钵、烧杯、玻璃棒。

实验步骤：

①去掉土壤覆盖物，取一份土壤，用研钵研磨均匀。

②将土壤放入烧杯，加入适量清水。

③使用玻璃棒充分搅拌。

④静置，粗略观察不同颗粒沉降速度，等待最终沉淀结果。

实验现象：粗略观察和计算不同颗粒的占比。

得出结论:初步分辨土壤类型。

（2）有机质含量。

有机质可以使土壤保持较好的水、肥、气、热条件,因此有机质含量的多少是衡量土壤肥力高低的一个重要标志。有机质含量高的土壤密度较小,一般土壤的密度在2.6~2.8 g/cm³。

实验探究:探究土壤的有机质含量。

实验材料:土壤、罐头瓶、天平、烘箱等。

实验步骤:

①将一个罐头瓶裁剪为高10 cm,计算其体积。

②去掉土壤覆盖物,用裁剪好的罐头瓶取3份相同体积的土壤。

③将每份土壤烘干(排除土壤中水分的干扰)。

④用天平依次称3份土壤的质量。

实验结果:密度(g/cm³)=质量/体积

得出结论:对比土壤的一般密度,可以得出什么结论?

（3）氮、磷、钾含量。

植物生长需求量最多的是含氮、磷、钾的无机盐,如果缺少这些,中草药也就不能正常生长。因此,这也是进行土壤诊断的必要指标。但是,考虑到测定土壤氮、磷、钾含量的实验操作较为复杂,所以在中小学农场实际操作过程中,更倾向于采用速测仪检测土壤中的氮、磷、钾含量,直接记录其数据。

**思考** 你能否根据土壤肥力的测定结果,结合小组选择的中草药,查阅资料,制定合适的肥料配比和施用量吗?

### 4.自动化灌溉

“有收无收在于水”,定期浇水是中草药生长必不可少的基础条件。但是,处于中学时期的你们学业压力大,学习时间紧张,日常学习生活中没有太多的时间完成浇水工作。为了解决这一困扰,大家可否尝试自己动手制作一款自动浇水装置呢?

**思考** 如何利用水泵、水管、电池、导线、开关等实验材料,把盆子里面的水抽出来?

科学原理:电器工作的条件是有电和闭合回路。

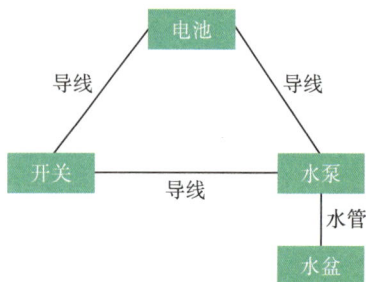

手动浇水装置连接示意图

**思考** 如何实现"自动"浇水呢?

科学原理:继电器,如左下图所示,是一种"自动开关",常用在自动化的控制电路中。通过给继电器的IN端口(如右下图所示)信号来控制继电器的工作状态。低电平,开关打开;高电平,开关闭合。

继电器

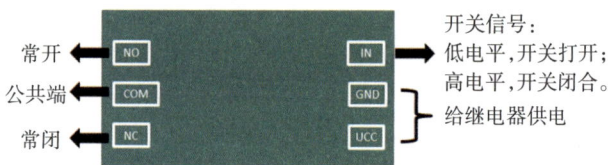

继电器端口介绍

因此用继电器替换手动开关,再结合Arduino单片机,给其输入指令程序,让Arduino控制开关信号就可以实现自动浇水。

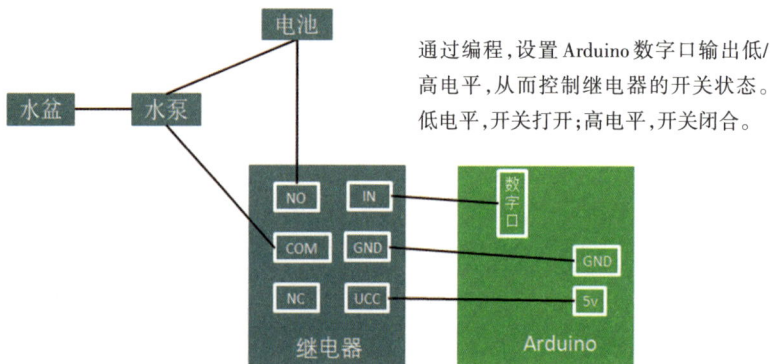

自动浇水装置连接示意图

继电器和Arduino Uno按上图所示进行连接。通过在电脑上编程,设置Arduino Uno数字口输出低/高电平,从而控制继电器的开关状态。低电平,开关打开;高电平,开关闭合。具体操作步骤如下：

（1）将 Arduino Uno 与电脑通过 USB 连接。

（2）打开"慧编程"软件，点击添加设备，选择 Arduino Uno。

添加 Arduino Uno 开发板

（3）在"慧编程"中，点击连接—串口—选择设备对应的串口。

连接 Arduino Uno 开发板

（4）根据实际浇水需求（以"每隔12小时浇1次水，每次浇3分钟"为例）在"慧编程"里编程。

编程代码：

```
void _delay(float seconds) {
    longendTime = millis() + seconds * 1000;
    while(millis() <endTime) _loop();
}
void setup() {
    pinMode(9,OUTPUT);
```

```
digitalWrite(9,0);  //低电平停止浇水
_delay(180);
digitalWrite(9,1);  //高电平开始浇水
_delay(43200);
}
void _loop(){
}
void loop(){
_loop();
}
```

和小伙伴一起,互帮互助,尝试搭建自动浇水装置并编写代码吧!

深度探究:将这套自动浇水装置拿到校园农场,是否具备可行性?

答疑解惑:不难发现,水泵需要容器储水,且实验室所用水泵压力不大,不能实现大面积灌溉,所以可行性不高。因此在真实的校园农场中,可以考虑把水泵换成电磁阀。一方面可以直接利用地下管道的水;另一方面水压够大,可以实现喷洒。

电磁阀

接下来,让我们走出实验室,到农场里面搭建自动浇水装置。

搭建农场自动浇水装置

自主实践:校园农场目前只实现了基础的自动灌溉功能。同学们能否继续进行优化?例如尝试在装置中加入湿度传感器对土壤湿度进行监测,从而根据土壤湿度调整灌溉量和灌溉时间;或者在装置中加入施肥罐,实现水肥一体化。请同学们积极思考,大胆实践,让校园农场变为真正的"智慧农场"吧!

## 五、定制农场管理方案

农场的管理是一门技术,也是一门艺术。目前农场可能依然存在一些问题,比如杂草蔓延、虫害泛滥。不同的农场存在的问题可能并不相同,那么定制特色的农场管理方案就势在必行。接下来就请大家以小组为单位,自主设计校园农场的特色管理方案吧!

操作步骤:

(1)查阅资料,思考除水、肥等因素外,中草药的生长和产量还受到哪些因素的影响;农场的维护和建设还可以从哪些方面进行;如何在各方面实现农场的"智慧化"。

(2)实地考察,针对校园农场实际存在的问题制订可行的农场管理方案。(如果有条件的话,还可实地考察当地比较完善的农业种植基地,对比学校农场,找到更多问题和更优策略。)

(3)分享交流,全班集体讨论探究各方案的可行性,相互提出问题和建议。

(4)统筹整合,参考优秀方案和反馈建议,优化小组管理方案。

(5)采购物资,根据方案填写智慧农场管理物资购买申请书。

(6)实施方案,利用采购的物资将方案付诸实践。

## 六、研学旅行

### 1.研学主题:本草两江,遇见国家农业科技园区

### 2.目的地介绍

重庆璧山国家农业科技园区是2013年9月由科技部、农业部(现为农业农村部)等6部委批准建立的全国第五批、重庆市第三个国家级农业科技园区。其中,渝西蔬菜研发中心自成立以来,入驻农业专家11人,实施科研项目15项,其中国家级4项、市级11项,重点解决了璧山蔬菜品种单一、土壤酸化、生产技术落后等问题。目前已引进蔬菜新技术20余项,大面积推广蔬菜嫁接、绿色防控、土壤改良等新技术6项。

### 3.研学目的

(1)实地考察国家农业科技园区先进的农场管理理念。

(2)实地考察国家农业科技园区高端的农场管理设备。

(3)借鉴国家农业科技园区的实践经验,对比发现校园智慧农场存在的不足之处,结合校园实际提出相应的解决思路。

### 4.研学任务

#### "本草两江,遇见国家农业科技园区"研学旅行任务单

1.园区内部有哪些日常运行设备?

提示:主动向老师提问,充分了解各设备的运行时间、作用和原理。

| 设备 | 运行时间 | 作用 | 原理 |
|---|---|---|---|
|  |  |  |  |
|  |  |  |  |
|  |  |  |  |
|  |  |  |  |
|  |  |  |  |
|  |  |  |  |

2.选择你最想应用在校园智慧农场的可行性高的设备,并画出设备或原理草图。

<br><br><br>

3.借鉴国家农业科技园区的实践经验,对比发现校园智慧农场存在的不足之处,尝试提出相应的解决思路。

| 不足之处 | 解决思路 |
|---|---|
|  |  |

### 5.研学反思

通过本次研学旅行,相信你一定发现了校园智慧农场的更多不足之处,也更加明晰应该如何优化农场管理方案。请结合本次研学,将小组最终的方案制作成PPT,在全班进行汇报。小组之间研讨方案的可行性,达成最优方案。

# 农场副产品加工

农场的职能之一是经营各种农产品和农副产品。农产品即农业的初级产品，是土壤中直接收获的作物；农副产品则为农产品加工以后的成品或半成品。在这一基础上，考虑到农场种植的中草药水分含量高，容易腐烂变质，所以大部分中草药需要在采收后进行加工处理。中草药的种植只是中药材生产过程中的一个环节之一。那么，农场中的中草药如何采收？如何加工呢？

## 一、中草药采收

中草药的采收不同于一般蔬果的采收，采收时间、采收工具等都有可能影响中药材的质量。例如根类药材的采收一般在植物生长发育以后的休眠期，此时，植株地上部分停止生长或枯萎，地下部分生长充实，有效成分积累量最高；而花类药材一般在植物开化的盛期采收，多为春夏两季。甚至天气也会影响中草药的质量。比如，薄荷一般在夏、秋季节的晴天收割，晴天收割的薄荷，体内挥发油含量明显高于阴天收割的薄荷；花类药材更是以晴朗天气、晨露干后，花朵的芳香尚未逸散时采收为宜。

## 二、中草药加工

中草药加工是指药材在采收后的挑选、冲洗、晾干、熏烤、切制和整理等粗加工过程。这一过程同样也会对药材质量产生重要影响。中草药种类繁多，药用部位不同，药材的质地、性状和成分都各有差异，因此加工方法也各有不同。以下是几种常见的加工方法：

1.清理或清洗：中草药采收后需要及时去除新鲜药材上的多余部分，即泥土、污垢、腐烂部分、非药用部分等。比如牛膝这种根类药材要去除地上部分和须根部分，白芍要去掉外皮,牡丹皮则要去掉内部的木质部留下韧皮部。此外,部分药材还可用清水洗涤,但是洗涤时间可能需要加以控制;有些具有黏液或者芳香气味的药材则不宜清洗,如薄荷,但可用簸箕等工具清除杂质和污垢。

2.浸泡和漂洗:部分药材可能含有有毒成分,比如半夏,可用水溶去有毒成分。将药材放在盛有水的容器中,每天换水2~3次,浸漂的天数因药材而异,短则3~4天,长则2周左右。在换水过程中同学们一定要戴好防水手套,注意安全。

3.切片:药用部分体积较大的药材一般会趁新鲜切成片或块,以利于切割、干燥和储存。

4.干燥:中草药的含水量较高,容易腐烂变质,不易保存,因此大多数中药材都需进行干燥处理,有些药材在加工过程中还需反复干燥,才能符合药材要求。常用的干燥方法有自然风干、太阳晾干、火上烘干或焙干。

小调查:你还知道哪些中药材加工的方式?

## 三、中药材贮存

多数中药材如果贮存方法得当,在一定时间内仍可保持其质量和疗效。反之,则极易变色、走油或被虫蛀、发霉、腐烂,不宜使用。不同的中药材,有效成分不同,贮存方法也有差异。

1.含挥发油类药材:玫瑰花、月季花、牛膝等中药材都含挥发油,气味浓郁芳香,色彩鲜艳,不宜长期暴露在空气中,且容易受温度、湿度、氧气和光线的影响。因此,此类药材适合用双层无毒塑料薄膜袋保存,袋中放少量生石灰、明矾、干燥的锯木屑等,扎紧后贮存于干燥、通风、避光处。

2.果实、种子类药材:这类药材大多含淀粉、脂肪、蛋白质等成分。遇到高温,油脂外渗,会使药材表面出现油斑污点,引起变质。因此,此类药材不宜贮存在高温场所,可放在陶瓷缸、玻璃缸等容器内,置于凉爽、干燥、避光处。

自主实践:查阅资料,你们小组种植的中草药应当何时采收?如何加工?怎样储存?

## 四、中草药植物标本制作

植物标本是指全株植物体或其中一部分,经过采集和适当的处理后能长期保存其形态的植物体。制作植物标准不仅可以帮大家将小组的劳动成果长期保存,而且还能让同学们更加清晰地识别中草药的形态特征。

材料准备:采集袋、铲子、剪刀、标签、线、笔、标本夹、台纸、旧报纸、木板、绳子、缝衣针、毛笔、胶水等。

制作步骤:

(1)采集植株。采集时应尽量选择带有花或果实的完整植株。矮小的草本植物必须用铲子连根挖起,得到完整的植株。切勿用手去拔,以免把根拔断。给采集到的植株系上标签,写上采集人和采集日期,放进采集袋。

(2)清理植株。清理植株上的污物,并对植株进行适当的修剪,突出其主要特征,为制作标本做准备。

(3)压制标本。将整理好的标本夹在干燥的旧报纸中间,用标本夹夹起来,或者放在两块木板中间,处理好以后,可将标本夹重叠,并用绳子捆扎起来,用重物置于最上方压紧。

(4)固定标本。中草药压干以后,从标本夹内取出,然后用针线选择几个点固定在台纸上。对于较小的植物或枝叶柔软的标本,可以用毛笔蘸些胶水均匀地涂在标本的一面,使其粘在台纸上,放置12小时,阴干。

(5)贴制标签。标本制作完毕后,要在台纸的右下角贴上标签,注明编号、种名、产地、产时、采集者的姓名和采集时间。

注意事项:

(1)在压紧的过程中,要注意标本是否平展,叶和叶之间、花和花之间是否有重叠现象,避免相互遮盖。如果标本过大或枝叶过密,可对标本进行适当修剪或弯折成形。有些中草药叶片的背面和腹面具有明显的区别和特征,因此,可以把一部分叶片翻过来。

(2)等待标本成型的过程中,标本夹可放在通风、有阳光的地方暴晒,使标本尽快干燥。在此期间要勤换纸,勤翻动,防止标本发霉、卷曲、变黑,失去原有的本色。

(3)用干纸替换湿纸时,要注意矫正中草药的姿态。如果所做的标本含有花的部分,必须在此部位放吸水纸或棉絮。

(4)中草药部分标本的制作:花的部分,可把花的各部分拆开,然后夹在吸水纸里,让它依次排成一行,压制成型后与同株中草药一起贴在台纸上。果实、块根的构造可以用切片的方法,比如选择两个类似的果实或块根,一个作横面切,一个作纵面切。将切片物放在涂过胶水的纸上,让它们分泌出汁液后粘在纸上,然后夹在旧报纸里压起来,待切片物干燥后去掉周围的纸,与同株中草药一起贴在台纸上。

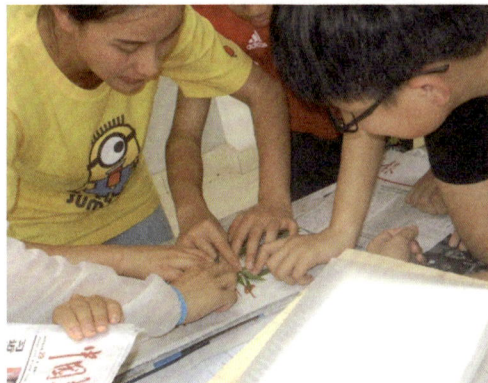

压制标本

固定标本

## 五、中药材拼图

采收的中草药除了作为中药材用于中医药治疗,能否被赋予一些艺术美,以另一种形式保存下来呢?

材料准备:形状、颜色各异的中药材,台纸,双面胶,胶水,画笔等。

拼图步骤:

(1)收集材料,提前准备所需的各种形状的中药材。

(2)勾勒图案,用铅笔在台纸上设计并勾勒图案。

(3)中药拼图,创作具有中药韵味的各种中药拼图。

## 六、研学旅行

### 1.研学主题:本草两江,相约重庆市药物种植研究所

### 2.目的地介绍

重庆市药物种植研究所是国内唯一成建制专业从事中药材种植研究的公益类科研事业单位,长期从事药用动植物资源调查及收集、动植物野生变家种、病虫害防治等工作,以及中药材质量、产量、标准化研究和中药材生产与开发研究工作。现有土地及森林面积3000余亩,建有我国最早的药用植物园和标本馆。

### 3.研学目的

（1）实地考察不同类别中草药的种植环境和方式。

（2）实地考察不同类别中草药的加工和炮制技术。

（3）走进药物标本大楼,参观各类标本,在专家的指导下,学习制作中草药植物标本。

### 4.研学任务

**"本草两江,相约重庆市药物种植研究所"研学旅行任务单**

| 1.记录5种你印象最深刻的中草药,了解其种植环境、种植方式和加工技术。 | | | |
|---|---|---|---|
| 中草药种名 | 种植环境 | 种植方式 | 加工技术 |
|  |  |  |  |
|  |  |  |  |
|  |  |  |  |
|  |  |  |  |
|  |  |  |  |

2.制作中草药植物标本的实践操作要点。

3.合格的中药材应该具备怎样的标准? 如何检验药材的质量?

### 5.研学反思

通过本次研学旅行,相信你一定对传统中医药文化及各种中草药的种植、加工过程有了更深入的了解,请以PPT的形式总结本阶段的学习成果,并结合中药材制品、标本和拼图作品,在班级进行汇报。

## 综合素质评价

同学,恭喜你已经完成"智慧农场"课程的全部内容,接下来请你和班级同学、老师、家长一起对自己的表现进行评价吧!

首先,请对本阶段课程汇报进行评价。评分由内容完整性、表达清晰度、问题觉察度、思路严谨度、实践可行性五个维度组成,每个维度各20分,总分100分。请在完成自评、互评、师评后,算出平均分作为最终得分。如果你们是以小组为单位开展活动和汇报,那么请算出小组得分。

**"智慧农场"课程阶段汇报评分细则**

| 评价维度<br>(各20分) | 评分细则 | 自评<br>得分 | 互评<br>得分 | 师评<br>得分 |
|---|---|---|---|---|
| 内容完整性 | 汇报内容是否做到板块完整、内容全面、有趣味性和故事性 | | | |
| 表达清晰度 | 语言表达是否做到流畅、清楚、有感染力、有逻辑性 | | | |
| 问题觉察度 | 觉察问题是否做到观察细致、分析深刻、有思考和见解 | | | |
| 思路严谨度 | 解决思路是否做到科学有理、逻辑严谨、清晰开阔 | | | |
| 实践可行性 | 农场设计能否实践操作、解决实际问题、产生积极效果 | | | |
| 总分 | | | | |
| 总平均分 | | | | |

接下来,请你在家长、老师、组员的协助下,总结你在"智慧农场"课程阶段中的收获。你可从科学(S)、技术(T)、工程(E)、艺术(A)、数学(M)五个维度入手,每个维度尽可能多地列出获得的知识或技能,注意内容逻辑相互不交叉。你还可以用不同颜色的彩笔将花瓣涂上颜色,根据收获由多到少分别涂上绿色、蓝色、黄色、橙色、红色,以此提醒自己在下一阶段的学习中哪些方面应该加强重视。

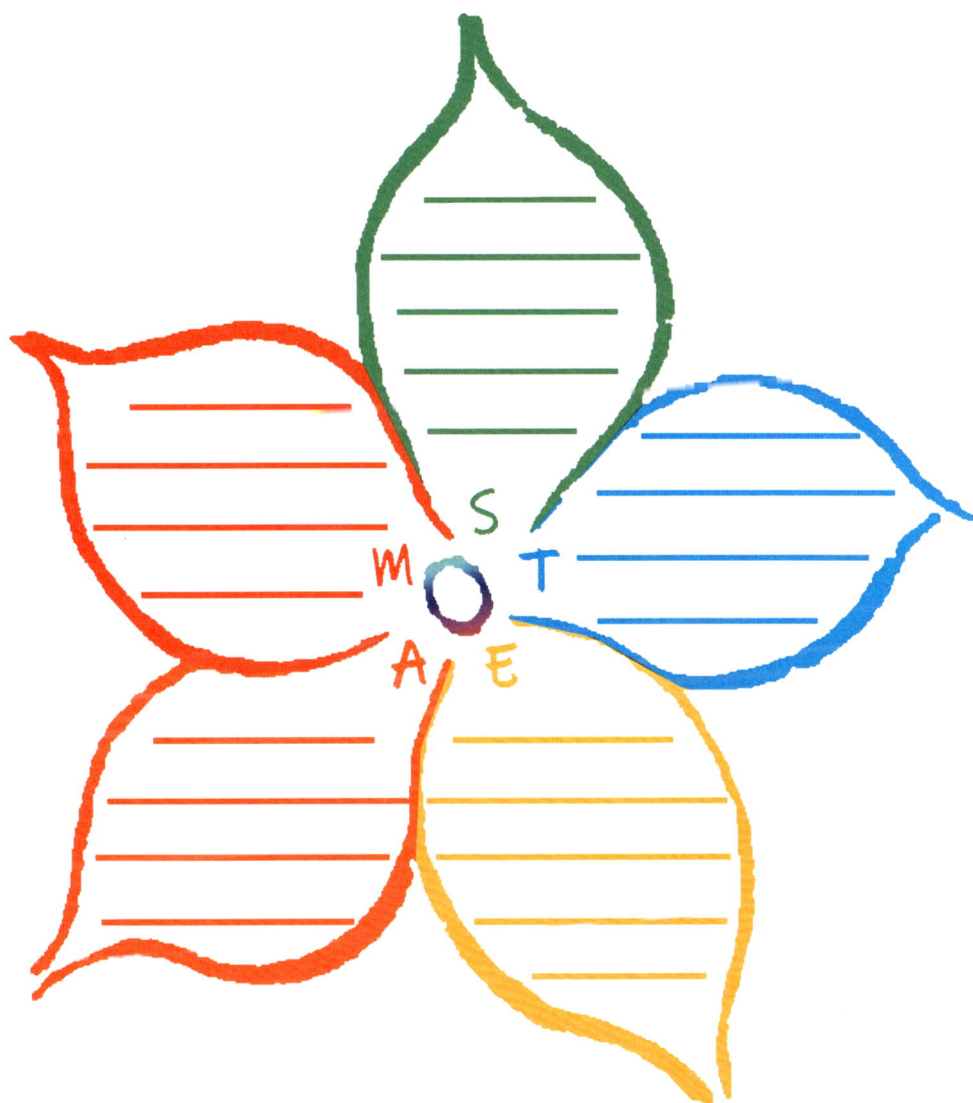

**基于STEAM理念的"智慧农场"课程阶段收获总结**

　　最后，你还需完成个人在本课程阶段的核心素养评价。下表梳理了本阶段课程内容在《中国学生发展核心素养》三大方面、六大素养和十八个基本点中的具体表现，请根据评价标准给自己评分。你还可以将评价表中各项指标的得分绘制成雷达图，从中可分析你在本课程中各素养的发展状况，以便在接下来的课程中做出及时的调整。

## 基于《中国学生发展核心素养》的"智慧农场"课程阶段评价

| 核心素养 | 一级指标 | 二级指标 | 三级指标 | 课程评价标准 完全符合5分,比较符合4分,基本符合3分,一般符合2分,几乎不符合1分 | 评分 |
|---|---|---|---|---|---|
| 全面发展的人 | 文化基础 | 人文底蕴 | 人文积淀 | 能理解中草药与中医基础理论之间的关系,认同其与人们的生活联系紧密,并能够运用所学知识调查校园药用植物 | |
| | | | 人文情怀 | 种植中草药的过程中,关注中草药治病救人的有效成分 | |
| | | | 审美情趣 | 在中草药观察日记、农场竖牌制作等过程中,具有艺术表达和创意表现的兴趣和意识,并在作品中有所体现 | |
| | | 科学精神 | 理性思维 | 能理解智慧农场的生态组成、循环更新与智能化协作,并用实证意识和严谨态度开展智慧农场的设计 | |
| | | | 批判质疑 | 面对小组设计的特色的农场管理方案,能合理批判、质疑和思考,进行可行性分析,最终形成更优方案 | |
| | | | 勇于探究 | 面对校园智慧农场的不足之处,能不畏困难,大胆尝试,积极寻求有效的问题解决方案 | |
| | 自主发展 | 学会学习 | 乐学善学 | 能正确认识和理解中草药种植的价值,具有积极的学习态度和浓厚的学习兴趣,在实践活动过程中能养成良好的学习习惯 | |
| | | | 勤于反思 | 能对自己的学习成果和状态进行审视,并结合其他同学的建议,选择或调整策略和方法 | |
| | | | 信息意识 | 能够利用互联网查阅资料,了解更多关于农场的信息,完成自主学习和探究实践 | |
| | | 健康生活 | 珍爱生命 | 在农场实践和研学过程中,能够尊重一草一木,不乱踩乱踏 | |
| | | | 健全人格 | 面对中草药种植、团队协作、与人交往等过程中出现的问题,能调节和管理自己的情绪,具有抗挫折能力 | |
| | | | 自我管理 | 在自评中,能正确认识与评估自我;依据自身个性和潜质选择擅长领域为小组做贡献;合理分配时间与精力,能够在规定的时间内完成规定的任务 | |
| | 社会参与 | 责任担当 | 社会责任 | 在小组合作活动中表现出团队意识和互助精神,能够积极地履行自己的职责;主动关注校园智慧农场中的中草药生长情况,对于农场有主人翁意识 | |
| | | | 国家认同 | 具有文化自信,尊重中华文明优秀成果,能传播弘扬中华民族优秀的中医药文化 | |

续表

| 核心素养 | 一级指标 | 二级指标 | 三级指标 | 课程评价标准 | 评分 |
|---|---|---|---|---|---|
| | | | | 完全符合5分,比较符合4分,基本符合3分,一般符合2分,几乎不符合1分 | |
| | | | 国际理解 | 尊重世界文化的多样性和差异性,尊重中、西医药文化的差异 | |
| | | 实践创新 | 劳动意识 | 尊重劳动,热爱农场,具有积极的劳作态度,掌握一定的耕作技能,具有改进农业方式、提高劳动效率的意识 | |
| | | | 问题解决 | 善于发现和提出校园智慧农场的不足之处,并积极寻求解决问题的途径,制订合理的解决方案 | |
| | | | 技术应用 | 具有工程思维,能将创意和方案转化为有形物品,并应用于农场实践 | |

# 第三章

# 机械手臂

工业机械手（以下简称机械手）是近代控制领域中出现的一项新技术，并已成为现代机械制造生产系统中的一个重要组成部分。这种新技术发展很快，逐渐形成一门新兴的学科——机械手工程。

夏日炎炎，刚完成农场副产品加工的你满头大汗，物资的搬运让你耗费了不少体力，口渴难耐的你面前放着一听冰镇可乐。于是你拿起可乐准备一饮而尽。可乐入喉，身体上的疲惫感果然有了缓解，但是还没多久手上传来铝罐带来的冰冷感，隐隐的刺痛让你的手掌十分不适，于是你开始思考能不能设计一个装置代替我们的手掌帮助完成可乐罐的抓握操作呢。能不能设计一个省力装置进行物资的搬运呢？就让我们一起进入课程"机械手臂"。

学生尝试抓握冰镇可乐罐

# 初探机械手

机械手是一种能模仿人的手和臂的某些动作功能,按固定程序抓取、搬运物件或操作工具的自动操作装置。

机械手是最早出现的工业机器人,也是最早出现的现代机器人,它可代替人的繁重劳动以实现生产的机械化和自动化,能在有害环境下操作以保护人身安全,因而广泛应用于机械制造、冶金、电子、轻工和核能等领域。

机械手的迅速发展是由于它的积极作用正日益为人们所认识:其一,它能部分代替人操作;其二,它能按照生产工艺的要求,遵循一定的程序、时间和位置来完成工件的传送和装卸;其三,它能操作必要的机具进行焊接和装配,从而大大地改善工人的劳动条件,显著地提高劳动生产率,实现工业生产的机械化和自动化。因而,机械手受到各工业国家的重视,他们投入大量的人力物力加以研究和应用,尤其在高温、高压、粉尘、噪声以及带有放射性和污染的场合,机械手应用得更为广泛。在我国,机械手近几年来也有较快的发展,并取得了一定的效果,受到机械工业和铁路工业部门的重视。

## 一、原理解构

既然需要制作一款能够延伸手臂替代手掌的机械手,我们先来看看人体手臂是如何运转并实现抓握功能的。

### 1.概念收集:仿生

仿生 bionics 是在具有"生命"之意的希腊语 bion 的基础上,加上有工程技术含义的 ics 而组成的词。大约从 1960 年才开始使用。生物具有的功能比迄今为止任何人工制造的机械都优越得多,仿生学就是要在工程上实现并有效地应用生物功能的一门学科。例如关于信息接收、信息传递、自动控制系统等,这种生物体的结构与功能给予机械设计很大启发。如将海豚的体形或皮肤结构应用到潜艇设计原理上就是一个很好的仿生学例子。仿生学也被认为是与控制论有密切关系的一门学科,而控制论主要是将生命现象和机械原理加以比较,进行研究和解释的一门学科。

人体的运动由运动系统来完成,运动系统由骨、骨连结和骨骼肌三种器官组成。骨以不同形式连接在一起,构成骨骼,形成了人体的基本形态,并为肌肉提供附着,在神经支配下,肌肉收缩,牵拉其所附着的骨,以可动的骨连接为枢纽,产生杠杆运动。

接下来我们一起来看看手臂和手掌的运动是如何实现的。

### 2.仿生原型:手臂

举起胳膊,做一下屈肘和伸肘动作,体会分别是哪块肌肉在用力。为什么我们人的手臂能够实现屈伸?

**思考** 请伸出你的手臂,体验一下屈肘和伸肘的动作,想一想这些动作靠哪些结构完成。

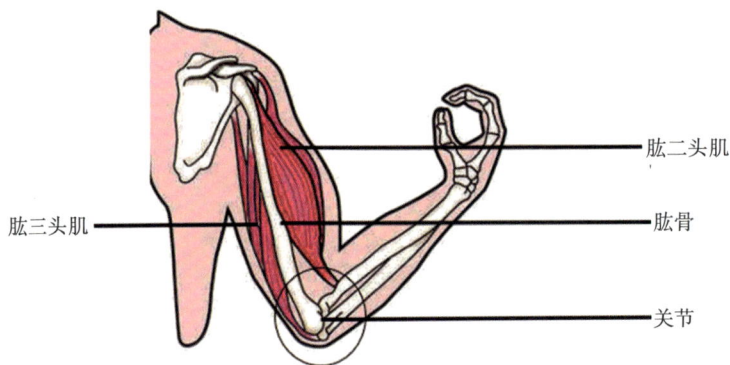

肱二头肌
肱三头肌
肱骨
关节

手臂的结构

手臂动作的完成需要骨、关节、肌肉配合进行,屈肘时,肱二头肌收缩,肌肉就拉着小臂骨(尺骨和桡骨)绕着关节向上弯曲;伸肘时,肱三头肌收缩,肌肉就拉着小臂骨(尺骨和桡骨)绕着关节向下伸直。一组骨骼肌只能收缩牵拉骨改变位置,而不能将骨复位,骨的复位要靠另一组骨骼肌的收缩牵拉。运动的完成至少需要两组肌肉相互配合。也就是说,肌肉在这个地方更像是一根柔软的橡皮筋,而不是一根小木棍。

## 3.力学原理:杠杆

手臂的运动可以简化成绕点转动的硬质棒,这其实就是物理中的杠杆模型(在力的作用下能绕着固定点转动的硬棒)。

杠杆五要素:

支点:杠杆绕着转动的点。

动力:使杠杆转动的力。

阻力:阻碍杠杆转动的力。

动力臂:从支点到动力作用线的距离。

阻力臂:从支点到阻力作用线的距离。

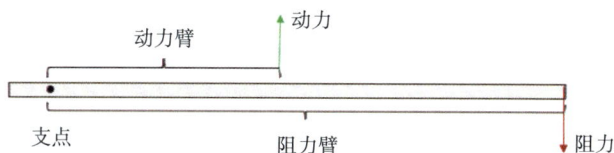

杠杆示意图

生活中也有很多的杠杆,你能举出哪些例子来呢?

通过观察我们还可以发现生活中的杠杆无非就是两个作用:用更小的力撬动更大的负荷,用更短的距离让负荷移动更远。我们主要就第一个问题开展实验探究。

实验探究:如何设计杠杆(移动支点的位置),用更小的力撬起相同的负荷。

实验材料:木质直尺、砝码。

实验方法:

(1)将直尺平放在桌面边缘,刻度大的一端超出桌面。

(2)将质量为5 g的砝码放置在桌面直尺零刻度上。

(3)调整直尺位置使6 cm刻度线位于桌面边缘。

(4)在直尺12 cm、9 cm、18 cm、8 cm、24 cm处放置砝码,记录能使直尺翘起时的砝码质量。

### 省力杠杆实验记录表

| 砝码放置位置(cm) | 12 | 9 | 18 | 8 | 24 |
|---|---|---|---|---|---|
| 动力臂/阻力臂 | 1:1 | 2:1 | 1:2 | 3:1 | 1:3 |
| 所需质量(g) | | | | | |

### 4.仿生原型:手掌

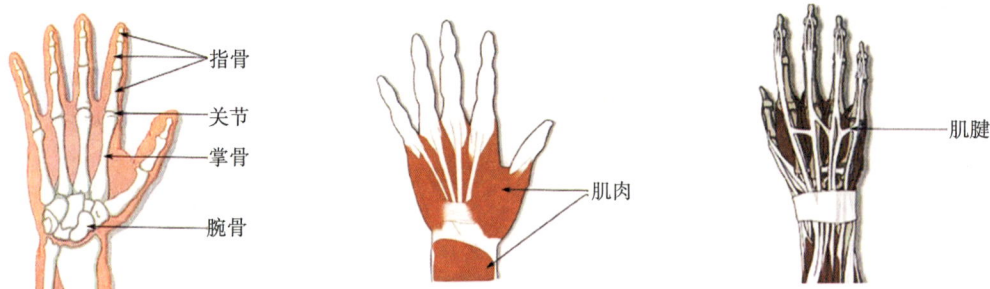

手掌的结构

手掌是由骨骼、肌肉和肌腱构成的,但是手掌的运动又和手臂有些许差别,请观察手掌运动时各组织的变化,总结手掌和手臂运动的不同。

## 二、简易机械手制作

经过前面的学习你一定对手臂和手掌的运动有了一定的了解,我们知道抓握运动是肌肉提供动力由肌腱牵引骨骼实现的,接下来我们就一起来尝试利用瓦楞纸、弹力绳、吸管等简单材料来模拟手掌的运动。

材料准备:瓦楞纸、弹力绳、吸管、剪刀、强力胶、双面胶等。

步骤一:制作掌面,用剪刀在瓦楞纸上裁出手掌的形状。

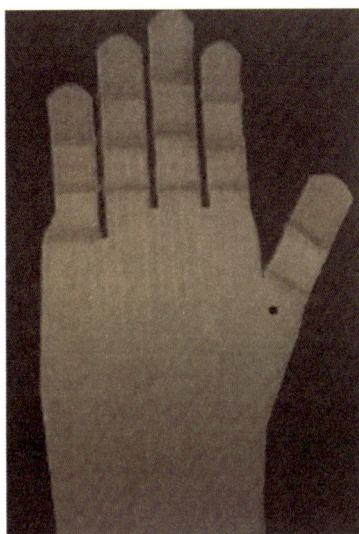

手掌形状制作

步骤二:模仿手掌褶皱在瓦楞纸上压出褶皱。

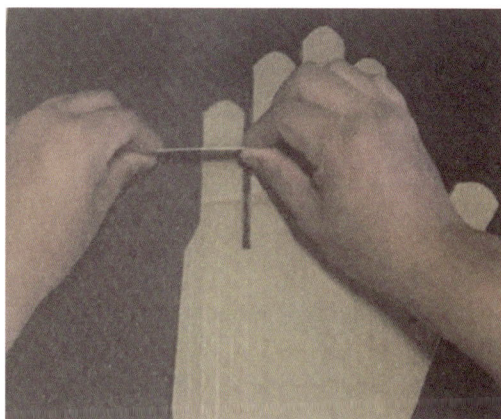

褶皱压制

步骤三:裁切吸管作为骨骼粘贴在瓦楞纸上。

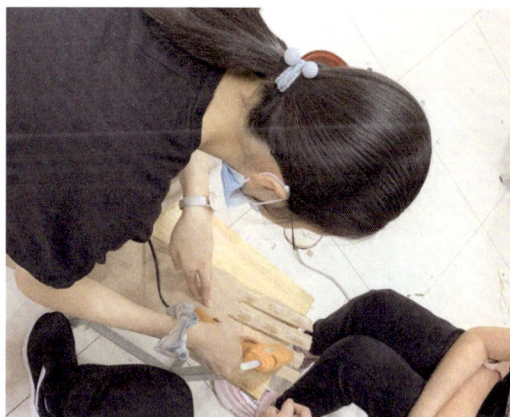

吸管粘贴成骨骼

步骤四:把弹簧绳从吸管中穿过,粘贴在指尖上。

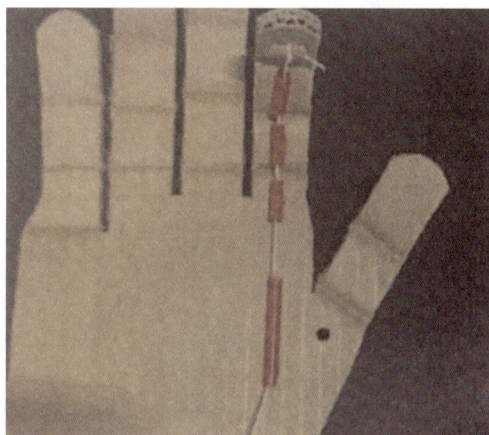

骨骼、肌腱搭建

步骤五:调试美化机械手。

探究改进:上述机械手是一个十分简单的机械手,大家觉得还有哪些地方可以进行改进呢?请发挥你的创造力,将你的想法记录在下方,绘制出你自己的设计图。

| 存在的问题: | 改进方法: |
|---|---|
| 你的设计图: | |

## 三、小组展示,总结再造

同学们可以按照自己的思路设计制作机械手臂,完成制作后进行小组展示,说一说你们小组的设计思路。

为了能更加直观地体现大家设计机械手的能力,接下来我们将进行机械手挑战赛,比一比哪个小组的机械手抓握距离最远、抓握重量最重。

机械手挑战赛

挑战人站在桌边,使用机械手抓取矿泉水瓶。在抓握稳固后在距离桌面10 cm的高度悬停10秒即为抓握成功,依据抓握距离和抓握质量进行评分,得分最高的小组获胜。

抓握距离:在指定位置进行抓握,最远可以抓握物品的距离。

抓握质量:尝试抓握空瓶和装满水的瓶子。

### 小组机械手挑战赛积分表

| 小组 | 抓握距离<br>(1 cm=1分) | 抓握质量 | | 总分 |
|------|------|------|------|------|
| | | 空瓶(5分) | 装满水的瓶子(10分) | |
| 1 | | | | |
| 2 | | | | |
| | | | | |
| | | | | |
| | | | | |

**思考** 为什么部分小组抓得远、抓得重? 他们的机械手使用了什么样的结构、什么样的连接方式? 在制作过程中你还遇到哪些问题? 是怎么解决的?

# 解密机械手

在上一节课程中我们对机械手有了一个简单的了解，并且能使用瓦楞纸等简易材料制作一个具备抓握功能的简易机械手。今天的课程我们将进一步探究机械手，了解机械手的设计原理和制作规范。

## 一、机械手的组成

工业机械手主要由执行机构、驱动系统、控制系统等位置检测系统组成。其中执行机构又可分为手部、手腕、手臂和立柱。

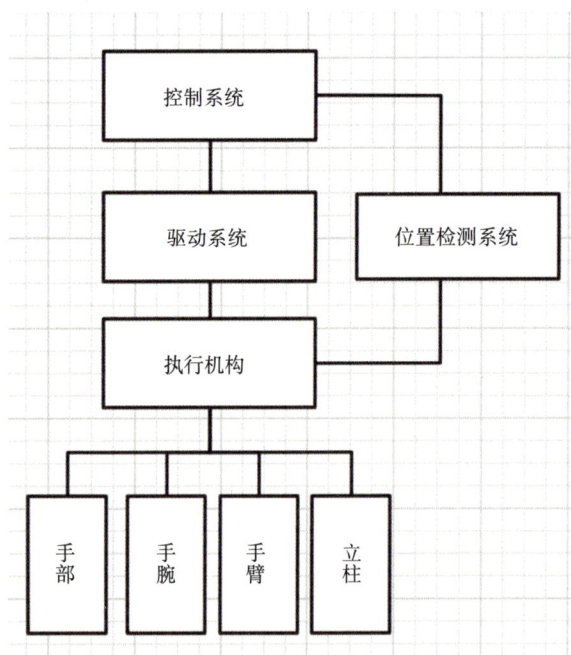

工业机械手的组成

## （一）执行机构

### 1.手部

手部通过手腕安装在手臂前端，是与物件直接接触的部件，由于物件接触形式的不同，可以分为夹持式和吸附式两种类型。机械手手部的构造模仿人类手指，可以分为无关节、固定关节和自由关节三种。手指数量又可以分为二指、三指、四指等。

手指的数量会直接影响机械手抓取的稳定性、灵活性和力接触点的个数。

各关节数优缺点

| 指关节数 | 优点 | 缺点 |
| --- | --- | --- |
| 二指三关节 | 无冗余 | 抓取不稳 |
| 三指三关节 | 抓取效果较好、无冗余 | 抓取性能一般 |
| 五指三关节 | 抓取灵活、效果好 | 控制复杂、存在冗余 |

### 2.手腕

手腕是连接手部和手臂的部件，并可用来调整被抓物体的方位，以扩大机械手的动作范围，并使机械手变得更灵巧、适应性更强。

### 3.手臂

手臂是支撑被抓取物件、手部、腕部的重要部件，并且承担了带动它们做空间运动的任务，它的主要作用是带动手指去抓取物件，并按照预定要求将其搬运到给定位置。一般手臂需要三个给定自由度才能满足要求，即手臂的伸缩、左右旋转、升降运动。

## （二）驱动系统

驱动系统用于驱动工业机械手执行运动。它一般由动力装置、调节装置、辅助装置组成。常见的驱动系统有：电机驱动、气压驱动、液压驱动等。

**思考** 查阅资料，总结各种驱动方式分别有什么优缺点。

**各驱动方式优缺点**

| 驱动方式 | 优点 | 缺点 |
|---|---|---|
| 电机驱动 | | |
| 气压驱动 | | |
| 液压驱动 | | |

## （三）控制系统

机械手控制的要素包括工作顺序、到达时间、动作时间、运动速度、加减速度等。机械手的控制分为点位控制和连续轨道控制。

控制系统可根据动作要求，采用数字顺序控制。它首先要编写程序加以存储，然后再根据规定程序，控制机械手进行工作。

# 二、仿生机理

人手拥有着复杂的结构，一共有27块骨头，19个手内关节，29块肌肉以及24个自由度。其中拇指拥有腕掌关节、掌指关节和指间关节总共三个关节，拇指共有五个自由度。腕掌关节属于具有两个自由度的鞍关节，可以分别进行屈伸、外展和内收。掌指关节是有两个自由度的椭球关节，分别做屈伸和外展内收运动。四个手指的近、远端指间关节均为一个自由度的滑车关节。关节面形状和连接结构使指间关节只能够做屈伸运动。手指完全伸展时，指间关节的旋转轴垂直于骨节点，但在弯曲过程中会缓慢地倾斜一个小角度。

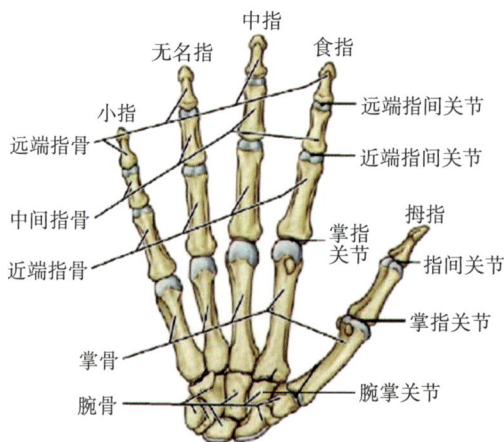

人体手掌

仿生手的抓取方式主要分为强力抓取和精确抓取两类。强力抓取通过提供较大的抓取力来使被抓物体处于较好的稳定状态。同时这种方式手指和手掌与被抓取物体间的接触面较大。而精确抓取提供较小的抓取力,精准地抓取物体,手指和手掌与物体的接触面较小。

人手的抓取动作主要是指以静态的抓握姿势来稳定地抓握物体。当抓取物体时,在手内会产生相应的抗力来使物体保持稳定。如图所示,就人手抓握物体时的静态抓取力分析来看,可分为手掌对抗型、指间对抗型以及指侧对抗型。其中手掌对抗型是指在手掌和手指之间产生对抗力,力的方向垂直于手掌,以此达到稳定抓取物体的目的;指间对抗型是指在手指的指腹或指尖产生对抗力,由指腹或指尖抓取物体,以此来保证抓握物体的稳定;而指侧对抗型是指在手指的指侧产生对抗力,即手指之间的夹紧力。

人体手掌抓握示意图

由图可以看出,这三种抓取类型对于指尖力都有一定的要求,相关研究表明,指尖力超过 2 N 就具备一定的抓取能力。

通过以上材料我们可以得到机械手手部设计的具体要求:

### 机械手手部设计要求

| 外形 | 尺寸 | 重量 | 功能 |
| --- | --- | --- | --- |
| 五个手指 | 略大于人手 | 不超过 1 kg | 五指独立运动,指尖力不小于 2 N |

由于物件常常是水平放置,因此考虑到机械手的通用性,手腕部分必须要设置回转运动才能满足工作要求。

按照抓取物件的要求,机械手的手臂至少要有三个自由度,即手臂的伸缩、左右回转、升降运动。它们的作用分别是,旋转台绕 $Z$ 轴旋转的自由度控制机械手旋转盘绕其回转中心旋转,实现机械手在*XAY*平面内自由旋转;小臂*ED*绕*Y*轴旋转的自由度控制机械手小臂在空间的仰俯运动,实现机械手在空间的抬升和下降动作,规避障碍;大臂*AC*绕*Y*轴旋转的自由度控制机械手大臂在空间的伸缩运动,可控制机械手抓取装置的前伸及后缩,并确定机械手抓取装置运动的极限位置。

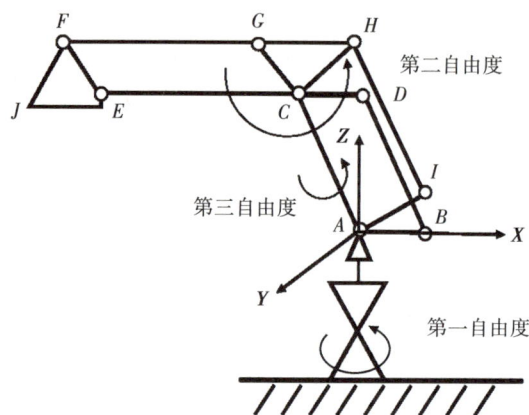

机械手臂设计示意图

## 三、研学之旅

### 1.研学主题:探秘机械手

### 2.目的地介绍

两江新区礼嘉智慧体验园位于两江新区嘉陵江畔礼嘉半岛,是礼嘉智慧城核心区,沿江依山而建,以白云山、白云寨、白云湖、金海湾四个生态公园为基础,运用5G通信系统、智慧安防系统、智能环卫系统、智能水系统、智慧能源系统、智慧喷灌系统等多项前沿科技,打造陵江次元、云尚花林、极客社区、湖畔智心、创新中心五大区域,形成"一园五区"的功能结构布局。其中5G智慧馆内陈列有多款机械手臂,不仅能为口渴的你调制果汁、咖啡,还可以演奏美妙动听的钢琴曲。

### 3.研学目的

(1)现场观摩机械手,体验机械手的实际应用。

(2)观察工业机械手运转情况,记录机械手各个系统的设计方案。

(3)参观前沿科技,对机械手的使用场景进行畅想。

## 4.研学任务

### 研学任务单

1.观察钢琴机械手的手部结构,思考为什么如此设计。

2.钢琴机械手有几个自由度? 依靠什么驱动装置驱动? 为什么这样设计?

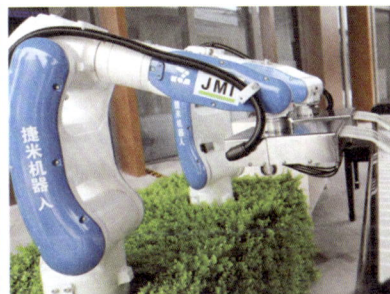

3.咖啡机械手的手部是如何设计的? 为什么采用这种设计方式?

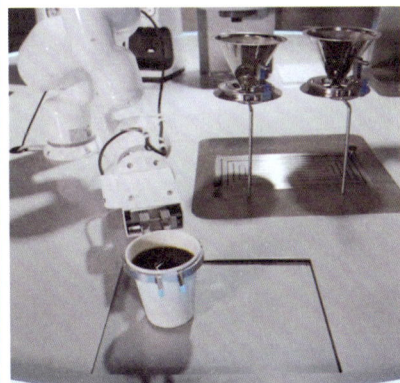

4.智慧水吧中的机械手臂,手部是如何设计的? 为什么如此设计?

## 5.总结汇报

通过本次研学旅行,你对机械手是否有了更深刻的认识?在研学过程你还有其他的发现吗?请将研学所见所闻以及课堂上学习的内容绘制成思维导图,总结本阶段的学习成果,并将思维导图在班级中进行汇报展示;然后从以下五个维度进行评分,每个维度20分,总分100分。请在完成自评、互评、师评后,算出平均分作为最终得分。如果你们是以小组为单位开展活动和汇报,请算出小组得分。

### 课程阶段汇报评分细则

| 评价维度<br>(各20分) | 评分细则 | 自评<br>得分 | 互评<br>得分 | 师评<br>得分 |
|---|---|---|---|---|
| 思维导图美观性 | 思维导图的制作是否整洁美观、富有创意 | | | |
| 研学报告完整性 | 撰写的研学报告是否结构完整,内容充实 | | | |
| 表达清晰度 | 语言表达是否做到流畅、清楚、有感染力、有逻辑性 | | | |
| 内容完整性 | 汇报内容是否做到板块完整、内容全面、有趣味性和故事性 | | | |
| 分析深刻性 | 汇报内容是否做到观察细致、分析深刻、有思考和见解 | | | |
| 总分 | | | | |
| 总平均分 | | | | |

# 设计机械手

通过前两节课程的学习,我们对于机械手有了较为深入的了解。本节课程我们将一起来设计一个可以在工业上应用的机械手。

## 一、机械手手部设计

### 1.手指结构设计

上节课中我们已经确定了机械手手部的设计要求。

**机械手手部设计要求**

| 外形 | 尺寸 | 重量 | 功能 |
|------|------|------|------|
| 五个手指 | 略大于人手 | 不超过1 kg | 五指独立运动,指尖力不小于2 N |

### 2.尺寸设计

量一量:快动手测一测你的各个手指的长度,并将下表填充完整。

**手指长度测量表**

| 性别 | 拇指长(mm) | 食指长(mm) | 中指长(mm) | 无名指长(mm) | 小拇指长(mm) |
|------|-----------|-----------|-----------|-------------|-------------|
|      |           |           |           |             |             |

将每个人的测量结果进行对比,同学们会发现每个人的手指数据各不相同,存在一定差异,因此我们在设计机械手的过程中需要参考人类手指的各项平均值。

**人类手指平均测量数据**

| 部位 | 男性长(mm) | 女性长(mm) | 部位 | 男性宽(mm) | 女性宽(mm) |
|---|---|---|---|---|---|
| 拇指 | 53.6 | 51.93 | 食指近指位关节宽 | 18.37 | 16.6 |
| 食指 | 68.69 | 64.73 | 中指近指位关节宽 | 18.49 | 16.57 |
| 中指 | 75.48 | 71.72 | 无名指近指位关节宽 | 17.54 | 14.89 |
| 无名指 | 70.67 | 52.12 | 小拇指近指位关节宽 | 15.16 | 13.42 |
| 小拇指 | 56.26 | 52.15 | | | |

### 3.传动机构选择

机械手传动机构的选择对于机械手设计至关重要:一方面,其决定了机械设计的难易、复杂程度以及成本,另外一方面则直接影响机械手的抓握性能。现有的机械手常采用的传动方式有:齿轮传动、连杆传动、腱绳传动和带传动,其各自优缺点对比如下表所示。

**各传动方式优缺点**

| 传动方式 | 优点 | 缺点 |
|---|---|---|
| 齿轮传动 | 传动效率高,输出力大,稳定性好,寿命长 | 手指体积和质量较大,结构复杂臃肿,制造成本高 |
| 连杆传动 | 输出力大,结构相对简单 | 传动距离短,抓取稳定性差,动作单一 |
| 腱绳传动 | 结构紧凑,传动距离长,符合人手传动特征 | 传动的可靠性与效率不足,存在滞后性,难以控制 |
| 带传动 | 传动平稳、安装方便、成本较低 | 传动精度和效率低,使用寿命不足 |

**思考** 为了简化多指驱动、控制系统等,参考人手肌腱传动的原理,我们选取哪种传动方式比较合适呢?

我们选取腱绳传动作为机械手的传动方式。将每个手指的三个关节运动进行耦合,用一个驱动器进行驱动,达到简化的目的。同时我们忽略运动范围较小的运动,比如拇指外其余手指的掌骨关节的运动,主要关注对抓取运动起主要作用的五指掌指关节、近指间关节、远指间关节的俯仰运动,以及拇指和掌指关节的侧摆运动。

确认了腱绳传动，下一步就是确定腱绳的材料和固定方式。

腱绳材料通常选用高模量、高强度、低摩擦的材料，拥有这种特性的材料有钢丝绳和高分子纤维两大类。但是钢丝绳由于其末端不容易固定以及不能提供较小的回转半径、寿命短等缺点，应用的范围受到了相应的限制。所以我们采用高分子材料的尼龙绳作为腱绳材料。

腱绳的末端固定方法分为螺钉压紧法和打结法，螺钉压紧法虽然容易拆卸但是其固定的可靠性不强，容易松动。打结法的可靠性优于螺钉压紧法，故我们采用打结法对腱绳的末端进行固定。腱绳路径的设计要选择变向少、摩擦小、易导向的路径，在此基础上要尽量减少腱绳的内力，降低对传动路径强度的要求，最后要使手指内的电机的功率尽量得到充分的利用。

### 4.模型建立

**思考** 在明确了尺寸和传动机构后，我们要对整体模型进行设计了。我们之前接触到的几款机械手的手部结构都是刚性结构，而我们直接制作机械手时精度控制不是很高，因此在抓取过程中容易发生碰撞破坏。那么我们可以怎样改进呢？

其实我们可以继续参考人体手掌。人类的手在自然状态下或者在非常小心地触碰和触摸物体时，柔顺性非常好，很容易实现抓握。人手可以很容易地处理易碎的物体，即使是高度变形的物体。同时，当手部肌肉用力时，人手能够稳定地抓住重物。刚度变化范围大是保证人手通用性和可靠性的关键。因此我们可以将手指分为三个关节，每个手指由三段刚性指骨和两段柔顺关节构成。

接下来我们就来一起动手在 3D One 中将手指模型设计出来吧！

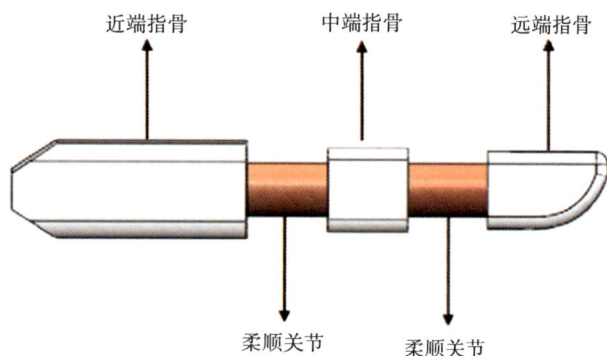

机械手指结构示意图

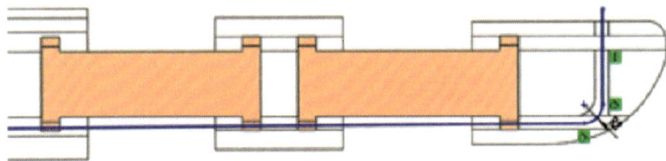

机械手指传动结构示意图

### 5.手掌结构设计

当人手抓取物品时,手掌和手指对物体有比较大的空间包络性,所以这对手掌的设计提出了要求。

**思考** 为了模仿人类手掌,我们设计的机械手掌,应当具备哪些特征?

在兼具外形特征和抓取功能的前提下,手掌的设计应具有以下这些特征:

(1)整体手掌采用弧度设计,增强其抓握过程中的包络效果。

(2)在抓握过程中,手指的运动成一定的角度,不互相平行,在较小的角度范围内变化。

(3)当拇指处于外展的极限位置时,五个手指近似为一个平面。

在设计手掌时,我们还要考虑驱动装置的预留位置,同时还要留出电路板和布线的孔槽,等等。

### 6.动力系统设计

(1)选择驱动舵机

舵机是一种位置伺服驱动器,它特别适用于那些需要改变角度并且可以保持的控制系统。随着电子集成化的提高,舵机的体形日趋小型化、轻便化,同时易于控制,且具有稳定性好等优点。

由于我们采用的是腱绳传动,在忽略其拉伸及摩擦后,认为舵机上的堵转扭力直接提供给了手指末端,而手指的最小指尖输出力需要达到 2 N,理论上所需舵机的堵转扭力为:

$$F_{堵转扭力}=F_{tip}×l_{摆臂}$$

设置摆臂为 2 cm。指尖力为 2 N 时,需要的堵转扭力为 0.1 kg/cm。

下表是部分舵机的参数,想一想我们选择哪种舵机更好。

各舵机参数

| 型号 | 尺寸(mm) | 堵转扭力（kg/cm） | 重量（g） |
|---|---|---|---|
| MG90S | 22.8×12.2×28.5 | 2 | 13.6 |
| RDS3115 | 40×20×40.5 | 15 | 60 |
| MG995 | 40.7×19.7×42.9 | 13 | 55 |
| 国华 | 23.1×12.2×27.1 | 2.3 | 9 |
| 国华金属 | 23.1×12.2×27.1 | 4.6 | 18 |

提示：选择舵机时需要在满足扭力要求的情况下尽量减轻质量、减小体积。

（2）回弹系统设计

回弹系统主要包括掌指关节、近端指节以及远端指节的回弹装置。由于我们选择了硅胶作为手指关节的柔顺结构，而硅胶为超弹性材料，其具有恢复原状的能力，故在近端指节以及远端指节无须设置恢复力，当传动系统不提供腱绳拉力时，中间指骨及远端指骨自身较轻，硅胶具有弹性，能使其恢复原状。

# 二、机械手手臂设计

## 1.结构设计

为了满足机械手的多个自由度，我们选择四杆机构对机械手臂进行设计。整体结构由三角连接件、小杆、大臂、连接件、舵机、摆头、小臂、舵机头、末端执行器、旋转盘及底座共11个部分构成。

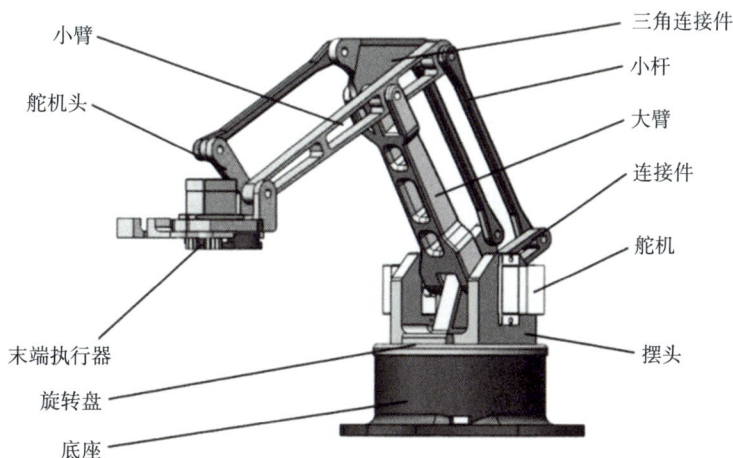

机械手臂三维示意图

## 2.尺寸设计

设计四自由度工业机械手时采用的机构为平面四杆机构,如下图。其中AC为机械手大臂,ED为机械手小臂,AB为连接件,DB为小杆。在进行机械手的杆件长度设计时,必须先给定其中的一根杆长才能完成接下来的计算。根据设计要求,将机械手大臂AC的长度$L_{AC}$设为100 mm,AB长度$L_{AB}$设为40 mm,在分析四杆机构的运动后,可计算出相关各杆件的长度。

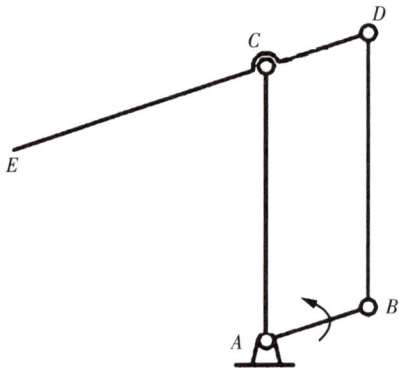

平面四杆机构

如下图,设置机械手能达到的最远位置即机械手能伸出的最大长度为180 mm。按照设计要求,机械手的大臂与小臂并不能完全伸展成一条直线,而是成一定的角度。这里设机械手大臂与小臂能够伸展的最大角度为135°。

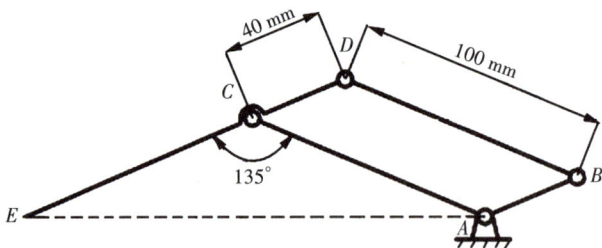

机械手臂抓取装置运动的极限位置

算一算:请计算出机械手小臂CE的长度。

## 3.拓展延伸

机械手的工作范围是指机械手的手臂末端或者手腕中心能到达的所有点的集合,也称作机械手的工作区域。机械手在空间的位置与大臂和小臂的长度有关。当机械手运动时,其末端执行器的位置也在变化,具体位置可通过坐标进行求解。机械手的位置坐标如下图所示。它基于以机架A点为坐标原点建立的坐标系,且x轴正方向水平向右，$y$ 轴正方向垂直向上。$\theta$ 为机械手大臂 $AC$ 与 $x$ 轴的夹角，$\alpha$ 为连接件 $AB$ 与 $x$ 轴的夹角。

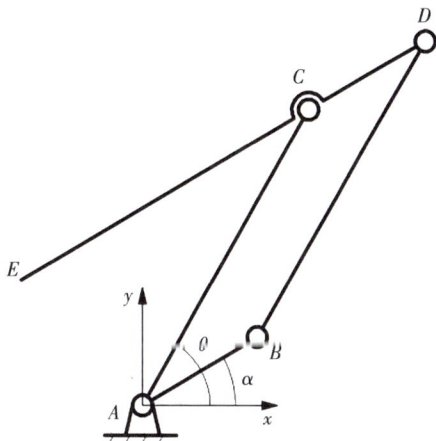

机械手臂的位置坐标示意图

现在我们已经明确了尺寸和结构设计，接下来我们一起来动手在 3D One 中将模型设计出来吧！

至此我们的机械手已经设计完毕，但如果想要机械手能按照程序运转，我们还需要添加控制系统，其中涉及程序编写部分，在本课程中不做表述。

### 4.汇报展示

小组合作，搭建机械手的 3D 模型，调研选择合适的舵机完善机械手的设计，最后制作 PPT 在班级内进行汇报展示。

**思考** 其他小组的设计有哪些可取之处？他们在基础设计上做了哪些修改？有什么优势？

## 综合素质评价

恭喜你已经完成"机械手臂"课程全部内容的学习，接下来请你和班级同学、老师、家长一起对自己的表现进行评价吧！

首先，请对本阶段课程学习汇报进行评价。评分由设计美观性、模型还原度、表达清晰度、内容完整性、分析深刻性五个维度组成，每个维度 20 分，总分 100 分。请在完成自评、互评、师评后，算出平均分作为最终得分。如果你们是以小组为单位开展活动和汇报，请算出小组得分。

### "机械手臂"课程阶段汇报评分细则

| 评价维度<br>（各20分） | 评分细则 | 自评<br>得分 | 互评<br>得分 | 师评<br>得分 |
|---|---|---|---|---|
| 设计美观性 | 设计是否做到图文并茂、整洁美观、富有创意 | | | |
| 模型还原度 | 搭建模型是否做到结构稳固、造型别致、还原度高 | | | |
| 表达清晰度 | 语言表达是否做到流畅、清楚、有感染力、有逻辑性 | | | |
| 内容完整性 | 汇报内容是否做到板块完整、内容全面、有趣味性和故事性 | | | |
| 分析深刻性 | 汇报内容是否做到观察细致、分析深刻、有思考和见解 | | | |
| 总分 | | | | |
| 总平均分 | | | | |

接下来，请你在家长、老师、组员的协助下，总结你在"机械手臂"课程学习阶段中的收获。你可从科学（S）、技术（T）、工程（E）、艺术（A）、数学（M）五个维度入手，每个维度尽可能多地列出获得的知识或技能，注意内容逻辑相互不交叉。你还可以用不同颜色的彩笔将花瓣涂上颜色，根据收获由多到少分别涂上绿色、蓝色、黄色、橙色、红色，以此提醒自己在下一阶段的学习中哪些方面应该加强重视。

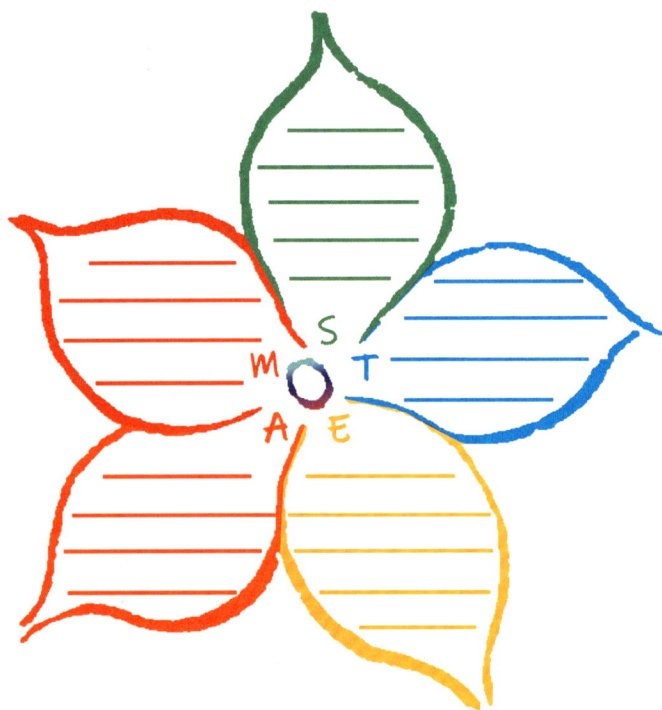

基于STEAM理念的"机械手臂"课程阶段收获总结

最后,你还需完成个人在本课程阶段的核心素养评价。下表梳理了本阶段课程内容在《中国学生发展核心素养》三大方面、六大素养和十八个基本点中的具体表现,请根据评价标准给自己评分。你还可以将评价表中各项指标的得分绘制成雷达图,从中可分析你在本课程中各素养的发展状况,以便在接下来的课程中做出及时的调整。

基于《中国学生发展核心素养》的"机械手臂"课程阶段评价

| 核心素养 | 一级指标 | 二级指标 | 三级指标 | 课程评价标准 | 评分 |
|---|---|---|---|---|---|
| | | | | 完全符合5分,比较符合4分,基本符合3分,一般符合2分,几乎不符合1分 | |
| 全面发展的人 | 文化基础 | 人文底蕴 | 人文积淀 | 能理解机械手臂对于人手臂的延伸意义,理解机械手对于部分残疾人士的辅助意义 | |
| | | | 人文情怀 | 在制作机械手过程中,能关注机械手的安全性与舒适性,关切人的生存、发展和幸福 | |
| | | | 审美情趣 | 在学习过程中,具有发现、感知、欣赏、评价机械手设计美的意识和基本能力,并在自己的设计和制作中有所表现 | |
| | | 科学精神 | 理性思维 | 能理解人体运动系统的工作原理,并利用简易材料进行模仿 | |
| | | | 批判质疑 | 能独立思考、独立判断;思维缜密,能多角度、辩证地分析问题 | |
| | | | 勇于探究 | 具有好奇心和想象力;能不畏困难,有坚持不懈的探索精神;能大胆尝试,积极寻求有效的问题解决方法等 | |
| | 自主发展 | 学会学习 | 乐学善学 | 具有积极的学习态度和浓厚的学习兴趣;能养成良好的学习习惯;能自主学习,具有终身学习的意识和能力 | |
| | | | 勤于反思 | 具有对自己的学习状态进行审视的意识和习惯,能够根据不同情境和自身实际,选择或调整学习策略和方法 | |
| | | | 信息意识 | 能够利用互联网查阅资料,了解机械手 | |
| | | 健康生活 | 珍爱生命 | 在实践课程中,具有安全意识与自我保护能力,不做可能伤害自我与他人的事 | |
| | | | 健全人格 | 自信自爱,坚韧乐观;有自制力,能调节和管理自己的情绪,具有抗挫折能力 | |
| | | | 自我管理 | 在自评中,能正确认识与评估自我;依据自身个性和潜质选择擅长领域为小组做贡献;合理分配和使用时间与精力,能够在规定时间内完成规定的任务 | |

续表

| 核心素养 | 一级指标 | 二级指标 | 三级指标 | 课程评价标准 | 评分 |
|---|---|---|---|---|---|
| | | | | 完全符合5分,比较符合4分,基本符合3分,一般符合2分,几乎不符合1分 | |
| 社会参与 | | 责任担当 | 社会责任 | 在小组合作活动中表现出团队意识和互助精神,能够积极地履行自己的职责;能够做到文明礼貌,宽和待人,主动作为,尽职尽责 | |
| | | | 国家认同 | 具有文化自信,尊重中华文明优秀成果;能传播弘扬中华民族的优秀传统文化和社会主义先进文化 | |
| | | | 国际理解 | 积极参与跨文化交流 | |
| | | 实践创新 | 劳动意识 | 尊重劳动,具有积极的劳动态度和良好的劳动习惯。在实践课程后主动清扫小组周边垃圾,维持教室整洁 | |
| | | | 问题解决 | 善于发现和提出问题,有解决问题的兴趣和热情;能依据特定情境和具体条件,选择制订合理的解决方案;具有在复杂环境中行动的能力 | |
| | | | 技术应用 | 具有工程思维,能将创意和方案转化为有形物品或对已有物品进行改进与优化 | |

# 第四章

# 现代桥梁

桥梁是道路的重要组成部分，架设在江河湖海上，跨越天然或人工障碍物，使车辆、行人等能顺利通行。它们形态万千、种类繁多，有的雄踞群山峻岭，古朴雅致；有的跨越岩壁溪涧，山川增辉；有的坐落闹市通衢，造型奇巧；有的一桥多用，巧夺天工。在悠悠历史长河中，桥梁的形态、功能、结构都发生了许许多多的变化，是集科学、技术、工程、艺术为一体的精美建筑物，是科学家和工程师们的智慧结晶，是建筑工人们的劳动成果。现在，我们就一起来了解桥梁的历史，探寻工程结构的奥秘。

重庆市朝天门三岸两江交汇处桥上生态绿地设计

曙光引航·城市桥梁综合体

现代桥梁作品展示 李柄宏绘

# 认识桥梁

鲁迅曾说"世界上本没有路,走的人多了,也便成了路",但是桥不是人们走出来的,它是人类智慧的结晶。中国是桥文化的故乡,自古就有"桥的国度"之称,发展于隋,兴盛于宋。遍布在神州大地的桥,编织成四通八达的交通网络,连接着祖国的四面八方。中华民族的桥梁建筑艺术,有不少是世界桥梁史上的创举,充分显示了中国劳动人民的非凡智慧和艺术创造力。

## 一、桥梁的演变历程

在历史上,每当运输工具发生重大变化时,对桥梁的载重、跨度等方面都会提出新的要求,从而推动桥梁工程技术的发展。从工程技术的角度来看,桥梁发展可分为原始、古代和现代三个时期。

### (一)原始桥梁

自然界由于地壳运动或其他自然现象的影响,形成了不少天然的桥梁。例如因自然侵蚀而成的石拱桥以及小河边因自然倒下的树干而形成的"独木桥",或两岸藤萝纠结在一起而形成的天生"悬索桥",等等。后来,人类从这些天然桥中得到启示,便在生存过程中不断仿效自然,不断由低级演进为高级,逐渐产生出各种各样的跨空桥梁。早在原始社会,人们将树木砍倒后搭在溪涧小河上或氏族聚居群周围的壕沟上形成了最原始的独木桥,也许就是因为这种桥横梁而过,才称桥为"桥梁"。

自然倒下的树干形成的"独木桥"

## （二）古代桥梁

随着社会生产力的不断发展，我国古代桥梁不仅在造型上表现出鲜明的民族风格，而且在建桥理论、构造处理、平面布局，以及施工方法上都有不少独特的创造。我国古代桥梁大致有梁桥、浮桥、索桥和拱桥四种基本形式。将一根树干直接横架于沟谷河流两岸的独木桥是最初的梁桥，后来将铺设的独木改为拼接在一起的多块木板、石板，使桥面变得平整宽阔。如果河面较宽，难以一跨架设时，还会在河道中垒石为墩，于桥墩上架设梁桥，称为多孔梁桥。由于梁桥结构简单，外形平直，古时又称作平桥，是我国古代最普遍、最早出现的桥梁。有些地方由于地质条件不允许或因工程技术的原因无法建造固定桥梁，继而出现了浮桥、吊桥、悬桥、索桥等。

泸定桥（索桥）

### (三)现代桥梁

随着混凝土和高强度钢材的出现,以及公路交通的迅速发展,桥梁已不再局限于河流、峡谷之上,出现了大量的城市立交桥、岛陆连接桥梁和跨海桥梁,桥梁的技术和外形都有了突飞猛进的发展。我国桥梁的建设不仅凝聚着中华民族的智慧,而且也是我国综合国力的真实体现,反映了我国桥梁建设在安全性、美观性、功能性和经济性方面已处于国际领先水平。我国最具代表性的现代大桥有世界跨径最大的斜拉桥——苏通大桥,世界上最长的跨海大桥——港珠澳大桥。

世界上最长的跨海大桥——港珠澳大桥

小调查:世界上最长的桥梁是哪座?世界上最高的桥梁是哪座?找到答案后与同学分享。

## 二、桥梁的文化意义

桥,在中国文化的长廊中极具魅力,它不仅仅具有实用功能,更承载着丰富的文化意义,并成为文人墨客抒情叙怀的对象,留给我们无限的遐思。清代段玉裁在《说文解字》注解中说:"梁之字,用木跨水,则今之桥也。"桥的最初含义是指架木于水面上的通道,以后便引申为架于悬崖峭壁上的"栈道"和架于楼阁宫殿间的"飞阁"等天桥形式。现代社会,桥又在城市交通中发挥着重要作用,平地起桥(立交桥),贯通东西南北,不仅有助于缓解交通堵塞,而且还成为现代化城市的亮丽风景。

桥是山水画。桥融入自然山水之间,相得益彰,很多名画中都有桥梁的身影。桥在画中连接溪河两岸,穿梭于高山丛林,点缀于画中。南方多水,尤以苏杭为甚,一水数十桥,十里不相重。《清明上河图》里国泰民安的景象中,一座规模宏大的木质拱桥横跨汴河上,结构精巧,宛如飞虹,名为虹桥。在南宋夏圭画《溪山清远图》中桥作为主角,形式优美。

《清明上河图》局部

《溪山清远图》

桥是诗词歌赋。桥梁并非只是一件实用的交通工具,它是具有装饰性及社会性的艺术品。中国桥梁本身千变万化的形态就具有高度的艺术性,故此人们常用"苍龙卧波"等词语来描写梁桥,用"长虹横空"等来描写索桥,用"新月出世""玉环半沉"等来描写拱桥。桥身各种装饰,如文字、图画、雕刻等,都和桥梁结合起来,各种装饰常常寄寓了人们的美好意愿,或富哲理的禅思。卢沟晓月,是北京卢沟桥的景观;断桥残雪,是杭州西湖的一景;灞桥柳雪,是古都西安的一景。杜甫的"市桥官柳细,江路野梅香",白居易的"晴虹桥影出,秋雁橹声来",欧阳修的"波光柳色碧溟蒙,曲渚斜桥画舸通",就描写了水光山色与桥共同构成的美景。"骑驴过小桥,独叹梅花瘦",则更多地表露出乡间隐者怡然自得的洒脱悠闲。

桥是民风民俗。桥还与民众的风俗习惯联系在一起,形成一种重要的文化现象。人们往往在节庆之日举行热烈的庆祝活动,而节庆活动的场所或活动内容,都离不开桥。比如潮汕民俗文化中就有元宵节期间的"行彩桥"活动,黄梅戏中也有"桥头观灯"的故事。桥梁上"合境平安""竹苞松茂""富贵吉祥""国泰民安"等字样,表达了人们对幸福生活的赞美和对美好未来的向往;桥头观灯、少男少女相识相会,演绎出缠绵动人的故事。

中国桥文化的意义十分深奥。我们的先人为我们记录了许多桥的资料,文人墨客写出了许多咏叹桥的诗文。在我国,不管在山区还是在平原,现在还保留着大量造型别致、千姿百态的桥,这是桥文化的基石。中国的桥展现在世人面前的并不仅仅是交通工具这一简单的含义,它的内涵深广无限。现今人们在深厚的文化基础之上又加上了高新科技,创造了雄伟壮观的现代化桥梁,如南京长江大桥、钱塘江大桥,还有繁华都市里各种各样的立交桥,无一不展现出现代城市的风貌。桥文化将伴随着人类文化不断发展、不断丰富。

观察图片思考:《清明上河图》中桥的功能有哪些?

小调查:你是否知道有天桥的故事?分享给大家。

## 三、桥梁的种类和结构

常见的桥梁结构主要有4类:

### 桥梁结构分类

| 桥梁类别 | 桥梁概况 | 参考图片 |
|---|---|---|
| 梁式桥 | 梁式桥是指用梁或桁架梁作主要承重结构的桥梁。桥面简单支撑在桥墩上形成稳定结构,受力比较单纯,不受支座变位等影响,适用于各种地质情况。也是中国古代最早出现的桥梁 | |
| 拱式桥 | 拱式桥由拱上建筑、拱圈和墩台组成。在竖直荷载作用下,作为承重结构的拱肋主要承受压力,拱桥的支座既要承受竖向力,又要承受水平力,因此拱式桥对基础与地基的要求比梁式桥高 | |
| 斜拉桥 | 斜拉桥是由梁、塔和索三个基本承载构件所组成的组合体系桥梁。由桥塔引出的斜拉索作为桥跨的多点弹性支承,大大降低了主梁截面弯矩,有效提高了主梁的跨越能力 | |

**续表**

| 桥梁类别 | 桥梁概况 | 参考图片 |
|---|---|---|
| 悬索桥 | 又名吊桥,指的是以通过索塔悬挂并锚固于两岸(或桥两端)的缆索(或钢链)作为上部结构主要承重构件的桥梁。其缆索几何形状由力的平衡条件决定,一般接近抛物线 |  |

小调查:你最喜欢哪一种类型的桥梁?说几个此类型桥梁的具体名称。

深度探究:从拱式桥、斜拉桥、悬索桥中选择一种,进行结构上的绘制,分析一下受力原理。

## 四、实地调研勘察

### 1.研学主题天梭·探索千厮门大桥

### 2.目的地介绍

千厮门大桥是我国重庆市境内连接渝中区与江北区的过江通道,位于嘉陵江河口段,曾家岩弯道下游的金沙碛滩段。该桥南起于渝中区,在沧白路洪崖洞与南国丽景之间,上跨嘉陵江,北至江北区江北城大街南路和金沙路相交。

重庆千厮门大桥

千厮门大桥在设计上将桥梁整体融入重庆山水之中,充分展现重庆的山水城桥之美,在选址上与最具巴渝传统建筑特色的"吊脚楼群"风貌的洪崖洞比邻,古典建筑与现代桥梁交相辉映,满足人们的全新视觉需求与体验,实现古今融合。在规划设计时,充分考虑城市所处的生态环境,利用现代技术,对可持续发展、智能建设、绿化水景、城市辅助功能、城市天际线等各方面进行考虑,合理安排桥梁与其他因素之间的关系,使环境与千厮门大桥形成一个有机整体。同时,在建设过程中,设计者将中国元素"天梭"用国际化语言表现出来。千厮门大桥主塔天梭形,两头小,中间大,像一把织布的梭子,既有一剑指天的阳刚之气,又有线性流畅的和谐之美,充分展现民族文化的创新与发展,成为当下著名的网红桥。

### 3.研学目的

(1)实地考察千厮门大桥的周边环境,对大桥与周围的联系有更深入的了解。

(2)实地考察千厮门大桥的结构,更清楚地观察桥梁内部结构。

(3)实地考察千厮门大桥的功能与局部,对桥梁构造的具体细节以及功能有更详细的探究。

### 4.研学任务

#### "天梭·探索千厮门大桥"研学旅行任务单

| 1.千厮门大桥的外形与设计理念。 |
| --- |
| |
| 2.桥梁具体类型与结构(绘制局部)。 |

3.大桥的具体功能。

提示:交通功能、环保功能、建筑地标功能、灯光等

4.桥跨结构,桥墩、桥台、上部结构,支座的具体构造。

提示:拆分桥梁进行局部绘制

5.桥梁与周围环境的关系。

6.绘制一幅千厮门大桥的图画。

小调查:搜集一下重庆十大最美桥梁资料,说说你最喜欢哪一座桥,并与同学们分享。

## 5.研学反思

通过本次研学旅行,你对千厮门大桥是否有了深刻的认识?在研学过程中,你还有其他的发现吗?请用手绘海报的形式总结本阶段的学习成果,并将自己喜欢的桥梁类型及其特点在课堂上分享给同学。

# 探索桥梁

刘禹锡的《竹枝词九首（其三）》中有这么一句"桥东桥西好杨柳，人来人去唱歌行"，描绘了当地生活的安闲。这句诗中有两个主体，前一句是桥，后一句是人，桥是一个很重要的构筑物，使人们的生活更加便利。在之前的课程中我们已经初步认识了桥梁的历史文化与结构类型，现在我们一起来探究桥梁的具体应用与设计方法吧！

## 一、简易的手工纸桥

创设情境：同学们在小时候，都搭建过精美城堡或者组装过火车轨道，这足以证明每个同学都有一个当工程师的梦想。那我们就运用之前学习的桥梁相关知识，当一回工程师，建造一个牢不可摧的宏伟桥梁。

思考：桥梁主要由四个部分组成，它们分别是桥跨、桥墩、桥台、支座。今天我们用纸做一个简单的纸桥，首先我们来做一个桥墩。大家先想一下：哪种柱体的桥墩最坚固呢？为什么？

纸桥的主要材料包括：每人20张A4纸、每组60枚硬币、双面胶、剪刀、钩码、吸管、回形针、棉绳、定滑轮、竹签等。

任务要求：

(1)以小组为单位，搭建拱式桥、梁式桥、斜拉桥三种类型的桥梁。

(2)纸桥跨度不小于15 cm。

(3)桥面距离桌面高度不小于15 cm。

(4)桥面宽度不小于7 cm。

(5)分工合作，发挥团队精神。

纸结构的基本形状：

纸结构的组合：

纸结构的连接技巧：

展示与分享：

（1）同学们上台展示自己小组的成果并讲述是如何分工的。

（2）分析小组成员在搭建时存在的问题以及是如何解决问题的。

（3）三座桥梁搭建完成后，组内成员进行反思总结。

评一评：哪个小组的桥梁最好看？最富有创意？

科学原理：制作桥面时，如果只用一张纸，这样的桥面容易弯曲。但将纸张朝一个方向弯折可以增强纸张的受力程度，例如瓦楞纸。这是因为弯曲的折痕充当了梁的作用，给柔软的纸张赋予了一定的结构，从而分摊了桥面的受力。

思考：要建造一座具有什么功能的桥？为什么要建造这样一座桥？

## 二、纸桥的承重实验

每个小组的同学都当了一次"工程师"，通过裁、折等方法精心搭建出了三座令自己满意的纸桥。但是一座桥梁光有外表是不够的，桥梁主要的任务是承重。一座桥梁能够承载多大的重量，是我们检验一个工程师设计能力的标准。带着我们的高标准高要求，比比看哪个小组的纸桥承重最大。一起来进入纸桥的承重实验吧！

实验流程：小组成员将三种类型的纸桥平放于桌面上，将硬币用镊子依次放在每座桥面之上,直到桥体坍塌。记录下每种结构的桥梁所承受硬币的数量,进行对比分析。哪一种类型的桥梁承重最小或最大? 哪种纸张的搭建方式可以增加桥梁的承重? 有没有其他可以增加桥梁承重的方法?

### 纸桥承重实验记录

| 纸桥类型 | 梁式桥 | 拱式桥 | 斜拉桥 |
|---|---|---|---|
| 承受硬币数量 | | | |
| 实验结论 | | | |
| 实验心得 | | | |

展示与分享:试验之后每组同学上台分享桥梁的最后承重情况,并分析成功和失败的原因与实验心得。

总结:科学实验允许失败,例如发明家爱迪生的很多发明也不是一次成功的。成功需要具备的科学素质有知识基础、技术能力、团结合作、综合运用等。实验过程中鼓励学生要有科学的学习态度。

深度探究:改进并再制作纸桥。

| 纸桥承重 | |
|---|---|
| 增加承重法 | 增加桥面宽度和厚度 |
| | 改变桥面、桥墩的形状 |
| | 搭建时采用拱形结构,增加受力点 |
| | 在搭建桥梁每个部分时,使用三角形结构,增加稳定性 |
| | 桥梁上部结构小而轻,下部结构大而重 |
| | 使用斜拉的结构,增大桥面的承重 |

深度探究:为什么我们平时见到的大桥的桥墩都是圆柱体? 尝试一下用三棱柱、四棱柱、五棱柱和圆柱体来做做实验,看一看哪一种桥墩承重比较好。

思考:除了课堂上同学们总结的方法,还可以如何增加桥梁的承重呢?

### 纸桥承重实验小组评分

| 我们的介绍 | 1.我们在团队中的分工(注:写一个姓即可,可多选)<br>核心成员(　　)　设计者(　　)　执行者(　　)　合作者(　　)<br>2.实际制作框架与设计的框架进行比较(打"√")<br>很一致(　　)　小部分调整(　　)　大部分调整(　　)　完全不同(　　)<br>3.如果实际与预设比较接近,与大家分享你们有哪些好的做法。如果实际与预设不太接近,思考哪里出了问题,导致你们做出了怎样的调整措施,也与大家分享。 |
|---|---|

| 我们的评价 | 评价等级说明:A.优秀,B.良好,C.合格,D.不合格 | | | |
|---|---|---|---|---|

| | 制作作品 | 小组合作 | 汇报发言 | 认真倾听 |
|---|---|---|---|---|
| 评价等级 | | | | |
| 总体等级 | | | | |

| 改进方法<br>(课后完成) | |
|---|---|

## 三、建筑仿生形态设计

　　建筑仿生形态设计指的是将自然与科学在一定程度上进行融合,通过深度剖析自然界中的"形""色""功能""结构"等,运用提取概括的设计手段,对想要建造的物体进行外观设计,为设计提供新的思想、新的原理、新的方法和新的途径。

　　大自然是人类建筑师和设计师的最好老师。我们可以发现,人类的创造不管多么精巧,几乎都能在大自然的创造物中找到对应的影子。于是,人们开始对大自然进行有意识的模仿,从大自然中汲取营养,拓展思路。仿生形态设计并不是单纯地模仿照抄,它是吸收动物、植物的生长机理,以及一切自然生态的规律,结合设计的自身特点,从而适应新环境的一种创造。我们一起来看看有哪些有趣的仿生形态设计吧!

**仿生设计举例:**

国家体育场(鸟巢)

国家体育场,又称鸟巢,由雅克·赫尔佐格、皮埃尔·德梅隆以及李兴钢等设计。体育场的形态如同孕育生命的"巢"和摇篮,寄托着人类对未来的希望。建造时均采用了先进的节能技术和环保技术。

国家游泳中心(水立方)

国家游泳中心,又称水立方,是2008年北京奥运会场馆。设计体现出$[H_2O]^3$(水立方)的设计理念,它的膜结构是世界之最,根据细胞排列形式和肥皂泡天然结构设计而成,远看像是由水和泡泡组成的立方体,所采用的乙烯—四氟乙烯包层可透过更多光线和热量减少能源成本,十分环保。

**同学们做的仿生设计:**

该钢架桥模拟了大自然中竹林在阳光照射下变换的竹影场景,因为竹影形状随太阳起落而变化。此外在桥下我们还设计了发光浮球,夜晚时分浮球随着水面波动,极具观赏性。

学生制作:竹影桥

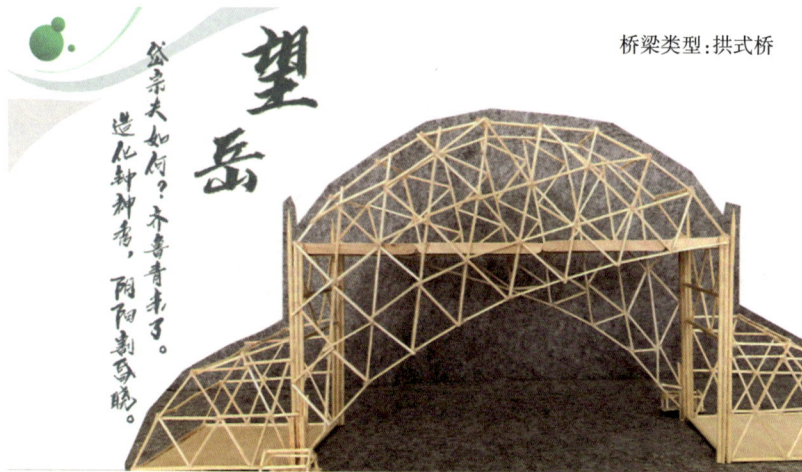

桥梁类型:拱式桥

学生制作:望岳桥

　　该拱式桥的半圆形由重庆山城形象演变而来,镂空的钢架结构是立体绿植。绿色的植物倒映在江面上,使得整个桥梁和山城融为一体,相互呼应。

　　小调查:你还知道哪些仿生设计的建筑或者物品?与同学们分享。

　　深度探究:有没有哪一座桥梁采用了仿生设计?是什么类型和结构的桥梁?

## 四、异想天开的桥梁

　　桥梁的结构分类只有几种,但是每座桥的外形却千变万化。美学设计相对于安全性和长久性来说是次要的,但是随着设计软件和建筑材料的发展,桥梁建筑师开始着眼于一些新颖的、与众不同的或者看似异想天开的设计,在给我们留下深刻印象的同时也保存了桥梁本身的功能。好的桥梁设计能让世界为之震惊,一些脑洞大开的设计让人叹为观止。一起看看这些令人惊奇的桥梁吧!

吉隆坡人行天桥

南京秦淮湾大桥

　　同学们做的异想天开的桥梁:

学生制作桥梁

小调查：你还知道哪些异想天开的桥梁？与同学们分享。

试一试：看了那么多好的作品和其他同学做的桥梁，自己试着在纸上画出想设计的桥梁。

> 将之前搭建的纸桥进行外形上的改造，并画出简易图：

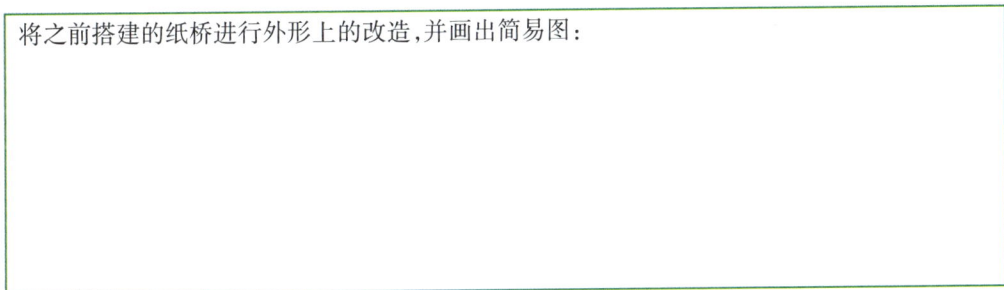

深度探究：这些异想天开的桥梁，你能说出它们属于什么类型的桥吗？它们的桥面、桥墩、支座分别是什么？

学生制作桥梁

设计说明：左图桥的设计灵感来源于黄葛树，其中桥墩部分借鉴了黄葛树的根；作为装饰的灯柱部分则采用了树根交错时的情景，错乱但不失秩序。

右图钢架桥的设计思路来源于几何图形中的三角形，建成后的桥梁造型简约美观，利用透视原理从侧面看上去更加大气。

# 重构桥梁

我们之前曾动手制作过简易的纸桥,也学习了怎样设计桥梁,一座非常宏伟而奇特的大桥是不是在同学们的心中蠢蠢欲动了?工欲善其事,必先利其器,这是说:工匠想要使他的工作做好,一定要先让工具锋利。比喻要做好一件事,准备工作非常重要。现在我们应该沉下心来慢慢地将我们心中的大桥设计并建造出来。

## 一、规范设计图纸

做任何事都有规范,设计图也有一套既定的方法和规范。我们在重构桥梁之前,需要对桥梁的外形和结构在图纸上绘制出来(准备工具:直尺、A4纸、比例尺)。

练一练:在前面的课程中,我们已经学习了三视图的画法。那么请你将下图梁式桥的正视图、俯视图、左视图绘制出来,并标注尺寸和比例尺。

正视图　　　俯视图　　　左视图

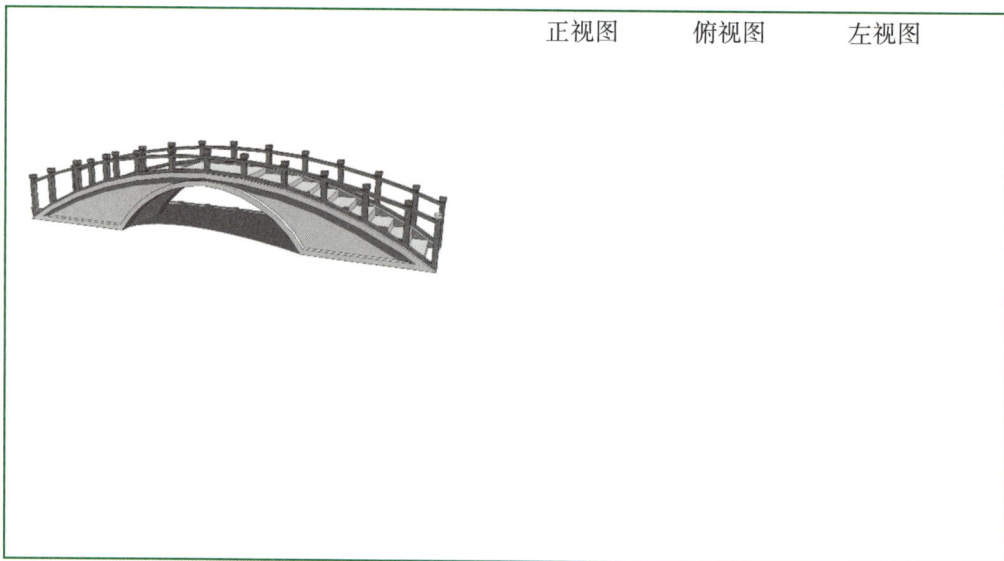

## 二、桥梁外形设计

通过对建筑仿生形态设计课程和"异想天开的桥梁"的学习,相信同学们对桥梁的外形有了新的想法和理念,再结合桥梁的结构和制图规范,大家一定能设计出自己理想中的桥梁。一起动手来设计吧!

设计说明:我们可以通过日常生活中的动物、植物或者相关历史文化进行元素提取。比如"渝山大桥"就是通过重庆的长江索道演变而来的,不仅结合了重庆山城的形态,而且还融入了重庆的文化。

学生搭建:渝山大桥

设计说明:设计说明指的就是对自己的设计理念、建筑的功能以及创新之处进行具体阐述,让其他同学更加清楚地了解到你的设计精髓。

练一练:同学们可以通过对生活的细心观察,从身边的事物进行元素的提取,从而进行设计。并思考你们设计的桥具有什么功能和创新之处,附上设计说明。

练一练:绘制出心中的桥梁,并将其正视图、俯视图、左视图按照规范绘制出来,同时标注尺寸和比例尺,以及设计说明。

绘图区:(正视图、俯视图、左视图)

设计说明:(具体的功能、创新之处等)

## 三、拆分部件制作

现在我们有了创意、标准的设计图和团结一致的组员们,那我们根据绘制的图纸一起来动手搭建理想中的大桥吧!

材料准备:雪糕棒、圆木棒、方木条、硬纸板、剪刀、强力胶、双面胶等。

搭建步骤:

(1)小组分工,明确各成员的具体事务。

(2)根据草图,分别搭建出桥面、桥台、桥墩、支座等部件。

(3)动手搭建,把各个部件进行拼装,形成大桥的基本形态。

(4)细节处理,让大桥变得更加美观和坚固。

(5)展示交流,说一说你们小组作品的创作理念,评一评其他小组作品的优缺点。

(6)修改再造,参照优秀作品取长补短进行改进。

注意:使用工具必须安全,务必不要伤到自己与队友。

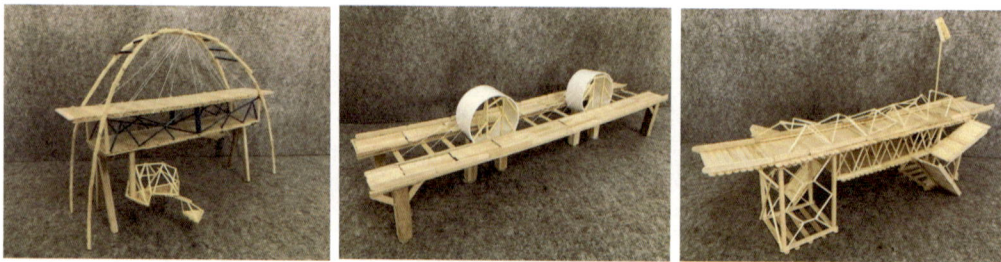

学生搭建作品展示

### 搭建桥梁小组评分

| 我们的介绍 | 1.我们在团队中的分工(注:写一个姓即可,可多选)<br>核心成员(　　) 设计者(　　) 执行者(　　) 合作者(　　)<br>2.实际制作框架与设计的框架进行比较(打"√")<br>很一致(　　) 小部分调整(　　) 大部分调整(　　) 完全不同(　　)<br>3.如果实际与预设比较接近,与大家分享你们有哪些好的做法。如果实际与预设不太接近,思考哪里出了问题,导致你们做出了怎样的调整措施,也与大家分享。 |
|---|---|

| 我们的评价 | 评价等级说明:A.优秀,B.良好,C.合格,D.不合格 | | | |
|---|---|---|---|---|
| | | 制作作品 | 小组合作 | 汇报发言 | 认真倾听 |
| | 评价等级 | | | | |
| | 总体等级 | | | | |

| 改进方法<br>(课后完成) | |
|---|---|

## 四、3D模型制作

在大数据时代,我们平日里都会运用到电脑科技,将信息资料存储在电脑中。随着3D技术的不断进步,虚拟模型可以进行3D打印。3D虚拟模型,直接面向设计过程,使得设计师可以直接在电脑上进行十分直观的构思。随着构思的不断清晰,细节不断增加,我们的模型得以最大限度地展示。我们已经从平面的设计图纸到搭建实体的模型,现在再往前迈一步,紧跟我们的时代,将实体模型建造成3D虚拟模型。

建模软件介绍:SketchUp是一个3D建模软件,界面简洁,易学易用,命令极少,没有其他设计软件的复杂性。它直接针对建筑设计,设计过程的任何阶段都可以作为直观的三维成品,甚至可以模拟手绘草图的效果。在软件内可以为模型表面赋予材质、贴图,并且由2D、3D配景形成的图面效果类似于钢笔淡彩,使得设计过程的交流完全可行。

### 1.基本快捷键

| 线段 |  | L | 橡皮擦 |  | E | 矩形 |  | R |
|------|------|------|------|------|------|------|------|------|
| 移动 |  | M | 推拉 |  | P | 复制 | | Ctrl+C |
| 圆 |  | C | 缩放 |  | F | 粘贴 | | Ctrl+V |

**SketchUp建模软件基本快捷键**

### 2.基本操作界面

（1）软件主界面

绘图窗口主要由标题栏、菜单栏、工具栏、绘图区、状态栏和数值控制栏等组成。

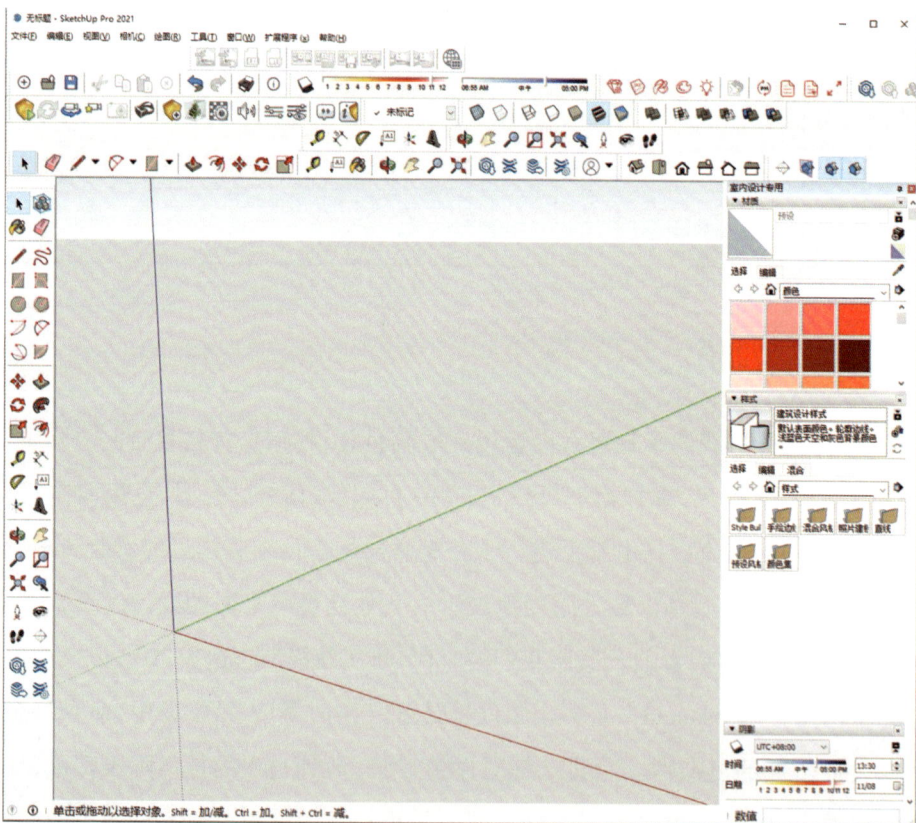

（2）主要工具栏

SketchUp的工具栏和其他应用程序的工具栏类似,可以游离或者吸附到绘图窗口的边上,也可以根据需要拖曳工具栏窗口,调整其窗口大小。

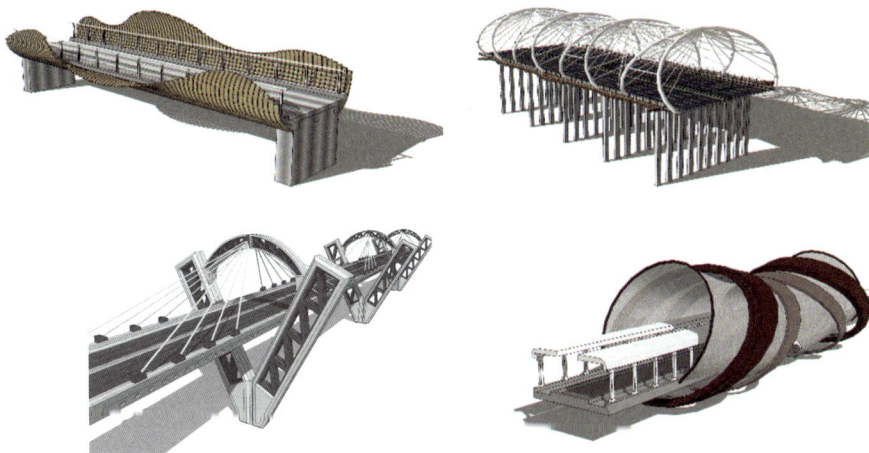

学生桥梁建模展示

## 综合素质评价

同学,恭喜你已经完成"现代桥梁"课程全部内容的学习,接下来请你和班级同学、老师、家长一起对自己的表现进行评价吧!

首先,请对本阶段课程汇报进行评价。评分由海报美观性、模型还原度、表达清晰度、内容完整性、分析深刻性五个维度组成,每个维度各20分,总分100分。请在完成自评、互评、师评后,算出平均分作为最终得分。如果你们是以小组为单位开展活动和汇报,那么请算出小组得分。

### "现代桥梁"课程阶段汇报评分细则

| 评价维度<br>(各20分) | 评分细则 | 自评<br>得分 | 互评<br>得分 | 师评<br>得分 |
|---|---|---|---|---|
| 海报美观性 | 手绘海报是否做到图文并茂、整洁美观、富有创意 | | | |
| 模型还原度 | 搭建模型是否做到结构稳固、造型别致、还原度高 | | | |
| 表达清晰度 | 语言表达是否做到流畅、清楚、有感染力、有逻辑性 | | | |
| 内容完整性 | 汇报内容是否做到板块完整、内容全面、有趣味性和故事性 | | | |
| 分析深刻性 | 汇报内容是否做到观察细致、分析深刻、有思考和见解 | | | |
| 总分 | | | | |
| 总平均分 | | | | |

接下来,请你在家长、老师、组员的协助下,总结你在"现代桥梁"课程学习阶段中的收获。你可从科学(S)、技术(T)、工程(E)、艺术(A)、数学(M)五个维度入手,每个维度尽可能多地列出获得的知识或技能,注意内容逻辑相互不交叉。你还可以用不同颜色的彩笔将花瓣涂上颜色,根据收获由多到少分别涂上绿色、蓝色、黄色、橙色、红色,以此提醒自己在下一阶段的学习中哪些方面应该加强重视。

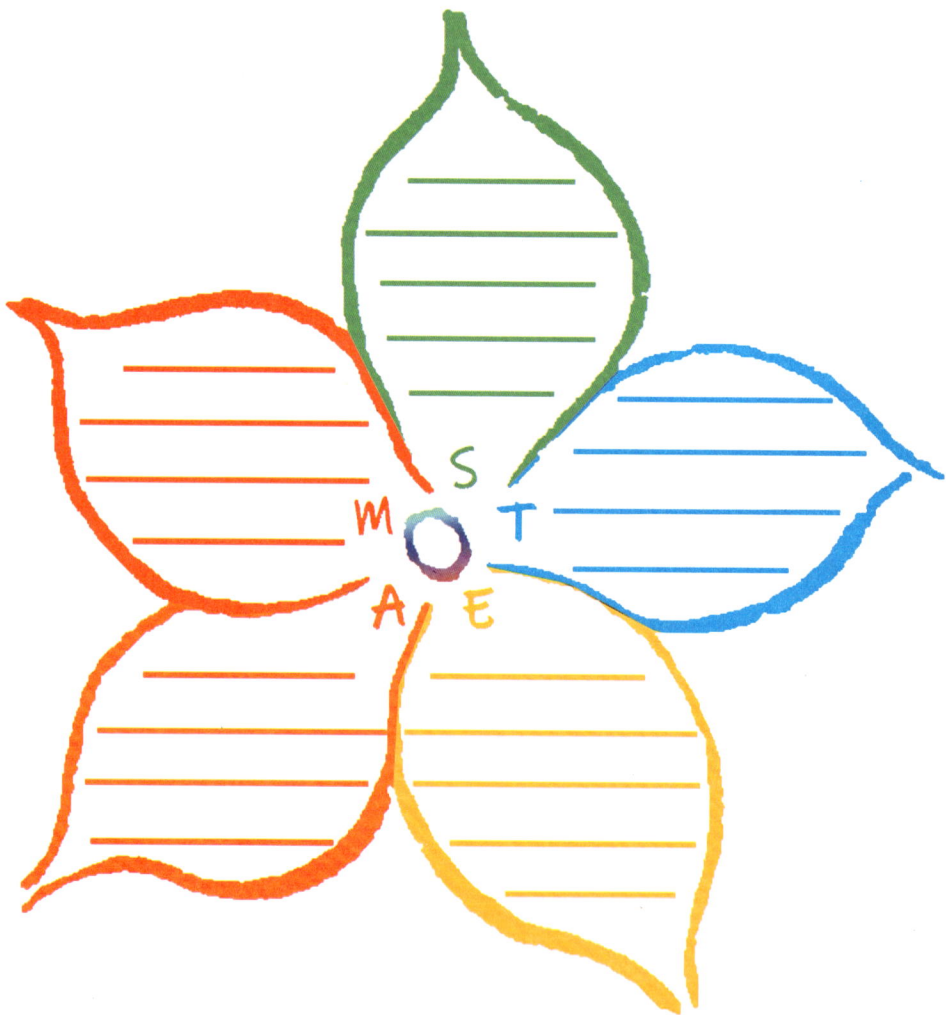

基于STEAM理念的"现代桥梁"课程阶段收获总结

最后,你还需完成个人在本课程阶段的核心素养评价。下表梳理了本阶段课程内容在《中国学生发展核心素养》三大方面、六大素养和十八个基本点中的具体表现,请根据评价标准给自己评分。你还可以将评价表中各项指标的得分绘制成雷达图,从中可分析你在本课程中各素养的发展状况,以便在接下来的课程中做出及时的调整。

## 基于《中国学生发展核心素养》的"现代桥梁"课程阶段评价

| 核心素养 | 一级指标 | 二级指标 | 三级指标 | 课程评价标准 | 评分 |
|---|---|---|---|---|---|
| | | | | 完全符合5分,比较符合4分,基本符合3分,一般符合2分,几乎不符合1分 | |
| 全面发展的人 | 文化基础 | 人文底蕴 | 人文积淀 | 能认识互联网3D建模的必要性,并能够运用所学知识构建3D设计 | |
| | | | 人文情怀 | 在搭建桥梁的过程中,能关注桥梁的安全性与功能性,关切人的生存、发展和幸福 | |
| | | | 审美情趣 | 在设计桥梁过程中,具有发现、感知、欣赏、评价建筑美的意识和基本能力,并在桥梁的设计图中有所表现 | |
| | | 科学精神 | 理性思维 | 能理解桥梁的结构原理,并在设计与搭建时用实证意识和严谨态度分析桥梁的各组成部分 | |
| | | | 批判质疑 | 能独立思考、独立判断;思维缜密,能多角度、辩证地分析问题 | |
| | | | 勇于探究 | 具有好奇心和想象力;能不畏困难,有坚持不懈的探索精神;能大胆尝试,积极寻求有效的问题解决方法等 | |
| | 自主发展 | 学会学习 | 乐学善学 | 具有积极的学习态度和浓厚的学习兴趣;能养成良好的学习习惯;能自主学习,具有终身学习的意识和能力 | |
| | | | 勤于反思 | 具有对自己的学习状态进行审视的意识和习惯,能够根据不同情境和自身实际,选择或调整学习策略和方法 | |
| | | | 信息意识 | 能够利用互联网查阅桥梁相关的实时信息 | |
| | | 健康生活 | 珍爱生命 | 在实践和研学课程中,具有安全意识与自我保护能力,不做可能伤害自我与他人的事 | |
| | | | 健全人格 | 自信自爱,坚韧乐观;有自制力,能调节和管理自己的情绪;具有抗挫折能力 | |
| | | | 自我管理 | 在自评中,能正确认识与评估自我;依据自身个性和潜质选择擅长领域为小组做贡献;合理分配和使用时间与精力,能够在规定的时间内完成规定的任务 | |
| | 社会参与 | 责任担当 | 社会责任 | 在小组合作活动中表现出团队意识和互助精神;能够积极地履行自己的职责;能够做到文明礼貌,宽和待人,主动作为,尽职尽责 | |
| | | | 国家认同 | 具有文化自信,尊重中华民族的优秀文明成果,能传播弘扬中华民族的优秀传统文化和社会主义先进文化 | |
| | | | 国际理解 | 积极参与跨文化交流 | |
| | | 实践创新 | 劳动意识 | 尊重劳动,具有积极的劳动态度和良好的劳动习惯。在实践课程后主动清扫小组周边垃圾,维持教室整洁 | |

**续表**

| 核心素养 | 一级指标 | 二级指标 | 三级指标 | 课程评价标准 | 评分 |
| --- | --- | --- | --- | --- | --- |
| | | | | 完全符合5分,比较符合4分,基本符合3分,一般符合2分,几乎不符合1分 | |
| | | | 问题解决 | 善于发现和提出问题,有解决问题的兴趣和热情;能依据特定情境和具体条件,选择制订合理的解决方案;具有在复杂环境中行动的能力 | |
| | | | 技术应用 | 具有工程思维,能将创意和方案转化为有形物品或对已有物品进行改进与优化 | |

# 第五章

# 未来城市

城市是人们聚集在一起生活和生产的场所,主要从事非农业活动。城市往往是一个地区政治、经济、文化的集中地。随着经济的发展,城市化进程的加快,涌现出了住房困难、交通拥挤、大气污染、城市内涝等一系列问题,如何改善城市的生态环境,提高城市的宜居度,建设资源节约型、环境友好型、智慧生态型城市已成为未来城市发展的方向之一。那么,未来城市是什么样的呢? 每个人都有自己的憧憬,让我们带着这个美好的期盼一起走进课程"未来城市"。

"未来城市"课程团队参观重庆市规划展览馆

# 认识城市

## 一、城市的起源

早期人们三五成群,捕猎为食,随处而栖,居无定所。久而久之人们学会了利用群体的力量捕获猎物并贮藏起来。人类慢慢地在水草丰美、动物繁盛的地方定居下来,为抵御野兽的侵袭在驻地四周扎上篱笆,形成了早期的村落。随着人口的繁衍,村落规模的扩大,各个村落之间互换物品形成了集市,有的村落为了防备其他村落的侵袭,筑城墙而形成了"市",有的村落因集市使人流聚集而建起了"城",早期的城市便形成了。

活动:在一张 A4 纸上画一画远古时期的城市样貌,同时画一画你心中未来城市的样貌。

## 二、城市的选址

随着社会生产力的提高,工商业的发展,大大小小的城市层出不穷。人们对城市的选址主要考虑哪些因素呢?

城市的形成和发展与地理环境密切相关,从自然环境上来说,在气候温和湿润、地形平坦、水源充足、土壤肥沃、资源丰富的地方利于城市的形成;从社会经济环境上来说,在工农业发展较早、基础较好、经济发达、交通便利、科技发达的地方更利于城市的发展。

**思考** 你所在的城市,其地理环境有何优势?

### 三、城市的功能区

城市的发展和壮大必将以土地作为承载,城市的土地在城市经济中扮演着重要的角色。然而城市的土地是有限的,人们利用不同区域的土地进行着不同的经济活动,工业、农业、商业、服务业等各种经济活动只能在这有限的土地空间中进行,因此城市的内部就划分出了中心商业区、工业区、住宅区、文化娱乐区、仓库码头区等不同的功能区。

小调查:以你居住的城市为例,城市的中心商业区主要由哪些组成? 主要分布在城市的什么地方? 住宅区的分布有什么特点? 工业区的分布有什么特点?

同学们通过日常生活的观察和实地走访,不难发现城市的功能区分布很有规律:中心商业区一般分布在城市的中心或多条交通相交会的地方,主要由商业街和银行、大公司的写字楼等组成;住宅区则分布在商业区的周围,面积较大;工业区则较多分布在交通便利的城市郊区。

科学原理:城市功能区的分布主要与土地的地租有关。市中心交通便利,地租高,商业的经济效益高,承租能力强;从市中心往外走,地租逐渐降低,住宅区和工业区占地面积大,所以住宅区居中,加上工业对环境会产生影响,工业区则分布在郊区。

### 四、城市的形态

城市发展的过程中因受地形、河流、山脉的影响,城市的外部边界轮廓也有差异,在平原地区,地形平坦,建设成本低,便于向四周扩展,城市呈团块状分布;山区的城市多沿山谷和河谷地带分布和延伸,呈条带状;有些城市受山脉和河流的阻隔,呈组团状分布。

### 五、实践活动

通过对城市相关内容的学习和对身边城市的观察,相信你已经有了更深的印象,尝试设计并搭建属于自己小组的城市模型。

活动:搭建一个大约60 cm×60 cm×45 cm的城市模型

要求:现在很多城市都出现了交通拥挤、住房困难、大气污染严重等问题,同学们结合城市的基础知识,设计一个有着舒适环境的城市。

材料:雪弗板、半圆形亚克力板、水景膏、发泡剂、草粉、小木条、干花、木板、亚克力板、道路贴纸、树藤、装饰灯等。

工具:美工刀、剪刀、502胶水、白胶、胶枪、锯子、锉刀、漏斗、刻度尺等。

搭建步骤:

(1)小组分工,明确各成员的具体事务。

(2)小组讨论明确城市主题理念,设计城市布局并画出草图,明晰城市的具体模样。

(3)动手搭建,先根据设计的比例选择合适的底板,然后制作模型地形基底和主体建筑部分,形成城市的基本形态。

(4)制作河流、道路、广场、绿地及配景,让城市各个功能区分布更合理,城市更美观。

(5)展示交流,说一说你们组城市作品的设计理念,评一评其他组作品的优缺点。

(6)修改再造,参照优秀作品取长补短进行改进。

学生作品:田园城市模型

学生作品:极地防寒城市模型

# 六、案例赏析

## 案例:绿色梦幻城

### 1.城市设计理念

近年来城市的污染越来越严重,人们向往蓝天白云、清新的空气和郁郁葱葱的森林,因此,打造一个绿色美丽的"童话城堡"是我们的梦想。

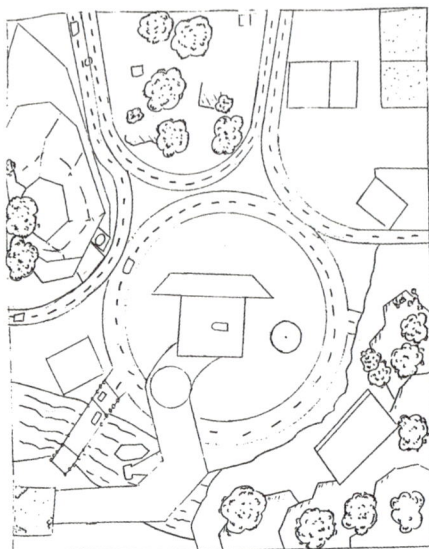

绿色梦幻城设计图

绿色梦幻城的模型布局图

城市选址在依山傍水的山下,面积为400 000平方米,可容纳5 000人居住。城市的中心是一个笑脸形状的商业中心,方便人们购物;工业区布局在最外缘,同时建立了环境监测中心监测大气环境;住宅区主要布局在靠森林公园的南面,环境优美,光照条件好;商业区和住宅区的梦幻大楼可360度旋转,是城市的地标建筑,为预防火灾,旁边配火灾智控中心;城市的东南部是废水循环处理发电站和城市的交通智能控制中心;工业区和发电站之间建有休闲娱乐中心,一是美化环境,二是起隔离作用,还可以提供市民健身娱乐的空间。城市特别注重生态环境的建设,工业区、住宅区、发电站全采用绿色的屋顶和墙体,大面积的绿化区和森林,起到美化环境、涵养水源、调节气候的作用。

## 2.作品亮点

(1)生态环境突出,城市有大面积的森林、绿色的屋顶、绿色的墙体。

(2)自然净化和人工净化实现水的循环使用。把废水进行净化,供给城市使用。

(3)建立了城市的环境检测中心和火灾智控中心,能实时监测和预报城市的环境情况,并进行火灾预警。

(4)利用Arduino技术实现了高楼的360度旋转。

**思考** 如何才能让高楼实现360度的旋转呢?怎样才能让气象仪器显示大气的温湿度呢?

## 3.课外拓展:信息技术编程技巧

(1)旋转楼:

在模型上结合单片机和电机控制,能够让整栋楼较慢且匀速地转动。

所需材料:Arduino UNO控制板、直流电机、电机驱动模块、杜邦线、面包板

接线图:

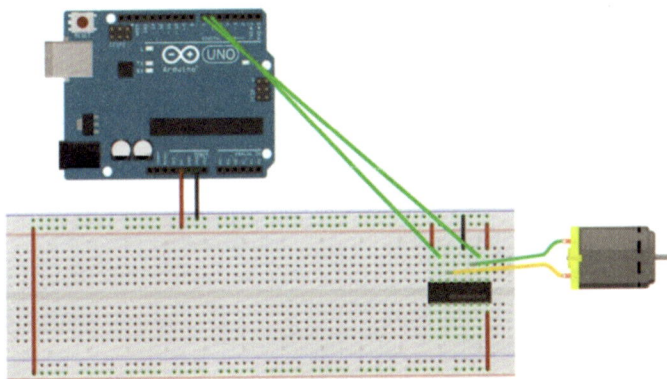

旋转楼接线图

编程代码:

```
const unsigned char motor = 6;
void setup()
{
    pinMode(motor, OUTPUT); //电机输出引脚,选择支持PWM输出的引脚
}
void loop()
{
    // 使用PWM进行速率控制
```

```
    analogWrite(motor,120); //120可以修改
}
```

（2）温湿度显示

功能亮点：在城市模型中，可以检测当前的温度、湿度，实时显示在LCD屏上，作为城市气象监测的一部分。

所需材料：Arduino UNO控制板、LCD1603、温湿度传感器DHT11、杜邦线、面包板、电阻。

接线图：

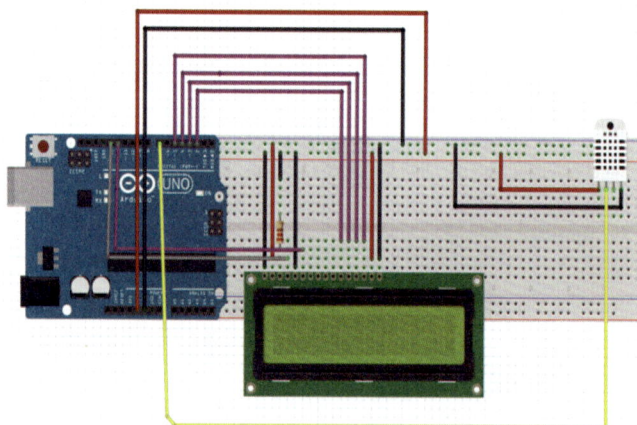

温湿度显示接线图

编程代码：

```
#include<LiquidCrystal.h>
#include<DHT11.h>
LiquidCrystallcd(13,12,2,3,4,5);
#define DHT11PIN 7
dht11 DHT11;
// initialize the library with the numbers of the interface pins
LiquidCrystallcd(12,11,5,4,3,2);
void setup(){
    pinMode(DHT11PIN,OUTPUT);
    // set up the LCD's number of columns and rows:
    lcd.begin(16,2);
}
void loop(){
    intchk = DHT11.read(DHT11PIN);
```

```
lcd.setCursor（0，0）；
lcd.print（"Tep："）；
lcd.print（（float）DHT11.temperature，2）；//打印温度
lcd.print（"C"）；
lcd.setCursor（0，1）；
lcd.print（"Hum："）；
lcd.print（（float）DHT11.humidity，2）；//打印湿度
lcd.print（"%"）；
delay（200）；
}
```

## 七、研学旅行

### 1.研学主题:渝你相约　共创未来

### 2.目的地介绍

重庆市规划展览馆位于南岸区南滨路弹子石广场,是展示宣传重庆的重要窗口之一,是全国青少年教育基地、全国科普教育基地、重庆市中小学校外科普特色基地、重庆市科普教育基地、国家AAAA级旅游景区。重庆市规划展览馆是利用既有车库更新改造的城市更新项目,建设方案突出"绿色、环保、低碳、智能化"理念。室内由"序厅""自然山水""历史人文""总体规划""高质量发展""高品质生活""内陆开放高地""山清水秀美丽之地"八个主题展区,以及辅助展区组成。

### 3.研学目的

(1)在弹子石广场实地观望嘉陵江和长江,结合展区的主模型说出重庆城的选址条件。

(2)实地参观重庆市规划展览馆,了解重庆城的历史、发展建设以及未来的发展规划。

(3)通过参观展馆知道重庆市的功能区布局,了解城市的内部结构。

(4)通过实地观察和调研中发现的问题,能在"未来之城"的设计中提出一些自己的想法。

## 4.研学任务单

### "渝你相约　共创未来"研学任务单

| 考察人 | | 考察时间 | |
|---|---|---|---|
| 考察地点 | | 考察对象 | |

**地点1:弹子石广场**

遥望嘉陵江和长江,说说重庆早期形成城市的原因是什么。

**地点2:重庆市规划展览馆序厅**

说说重庆的地形有什么特点。重庆的城市形态是怎样的?

重庆四次筑城中,其规模发生了怎样的变化? 预测一下未来重庆主城的发展会如何变化。

**地点3:重庆市规划展览馆**

画出重庆市的城市结构简图,标出各功能区的位置,并分析功能区布局的原因。

研学总结(感悟、收获、挑战、建议等任何你想说的话)。

# 海绵城市

　　随着经济的发展,城市建设速度越来越快,城市建设过程中大量改变了城市原有的自然生态环境,特别是水泥建筑的大量出现,使得地面硬化面积不断增大,植被面积大幅度减少,导致地表径流的下渗能力减弱,引起了城市内涝等问题,进而也影响了城市水资源的安全。2013年我国政府提出了建设海绵城市,2015年设立首批试点城市,2017年"海绵城市"写入《政府工作报告》。海绵城市逐渐纳入了我国城市建设的新篇章,旨在建设具有自然积存、自然渗透、自然净化功能的绿色生态之城。

## 一、海绵城市设计理念

　　海绵城市是指城市能够像"海绵"一样,下雨时能够吸水、滞水、渗水、蓄水、净水,需要时将蓄存的水释放并加以利用,在适应自然环境变化和应对自然灾害等方面具有像海绵一样"弹性"功能的城市。

　　当前我国一些城市"逢大雨必涝",造成了大量的财产损失和一些人员伤亡,那如何才能使城市像"海绵"一样更好地控制雨水呢?这是一个系统化的工程,科学家们多角度、全方位、系统化地从修复城市水生态、涵养城市水资源、改善城市水环境、提高城市水安全、复兴城市水文化等方面去思考,提出了"渗、滞、蓄、净、用、排"的海绵理念,来实现对城市的雨水利用、排水防涝以及河流治理。

　　**思考** 你所在的城市发生过城市内涝吗?如何才能有效地实施"渗、滞、蓄、净、用、排",以减轻城市内涝?

　　"渗"是指增加城市水循环的下渗量。影响下渗的因素主要包括降雨的强度、下垫面的性质、地表水停留的时间。因此,我们可以通过增加自然植被的面积、增加湿地、修建阶梯状坡面等方式增加雨水的下渗量。具体来说可以通过使用透水砖、下凹式绿地、森林公园、绿色屋顶、梯田式阶地、雨水塘、雨水湿地、绿化带等工程措施,从源头将雨水留下来然后"渗"下去。主要的作用是减少城市的地表径流,从而减少地面的积水和汇集到排水管网里的水,增加城市的地下水量,增强土壤的含水量,净化水质,改善城市微气候。

"滞"是指延长雨水停留的时间,使地表径流错峰汇聚,延缓洪峰出现的时间。改变地表径流的方法主要有修建水库、跨区域调水等,因此要增加雨水滞留的时间,可以在城市中修建小型的洼地来滞留雨水。具体来说可以通过修建下凹式绿地、植草沟、蓄水池、雨水花园、生态滞留池、渗透池、人工湿地等工程来起到滞留雨水的作用。主要通过改变城市的微地形,让雨水慢慢地汇集到一个地方,对城市的地表径流峰值起到明显的削减作用。

缓排阶地

绿色屋顶

雨水塘

雨水湿地

"蓄"是指城市利用自身的地理环境将雨水储存起来。主要包括地面储存和地下储存,可以通过改变地表径流和下渗来储蓄自然散落的雨水。城市中可以修建下凹式绿地、森林公园、水库、雨水塘、缓排阶地、蓄水池、塑料模块蓄水池、地下蓄水池等来收集雨水,避免因地面硬化使降雨短时间内汇集到一个地方导致内涝,起到削减洪峰和蓄水调节的作用。

"净"是指城市将"滞"和"蓄"的雨水净化处理。主要的方法有生物净化、物理净化、化学净化三种。在城市中可以通过雨水塘、雨水湿地、雨水花园、植草沟、下凹式绿地、阶梯湿地、污水处理厂等工程对水质进行净化处理,让经过净化处理的雨水重新在城市中得到利用。

"用"是指把城市中净化之后的雨水尽可能地利用起来。主要的使用方式有绿化浇灌、道路冲洗、洗车、冷却用水、景观用水、消防用水等,把"渗"涵养、"蓄"储存、"净"后的水用在城市中,减少水资源的浪费,减少城市用水对自来水的依赖度,提高城市水资源的利用率。

"排"是指城市将降落到地面的雨水排放出去。可利用天然的河道同修建沟渠、下水道等人工排水管网相结合的方式将雨水排放,避免城市因为降雨过多导致内涝。

## 二、实践活动

通过对海绵城市的学习,相信你已经对如何缓解城市内涝有了一定的想法,同学们尝试设计并搭建一座海绵城市吧!

活动:搭建一个大约60 cm×60 cm×45 cm的海绵城市模型。

要求:近年来城市内涝问题频繁出现,设计一座针对雨水解决问题的海绵城市。

材料:雪弗板、半圆形亚克力板、水景膏、发泡剂、草粉、小木条、干花、木板、亚克力板、道路贴纸、树藤、装饰灯等。

工具:美工刀、剪刀、502胶水、白胶、胶枪、锯子、锉刀、漏斗、刻度尺。

搭建步骤:

(1)小组分工,明确各成员的具体分工。

(2)画出设计图,明晰海绵城市的具体模样。

(3)动手搭建,形成海绵城市的基本形态。

(4)细节处理,让海绵城市各个工程措施更实用和美观。

(5)展示交流,说一说本小组海绵城市的设计理念,评一评其他组作品的优缺点。

(6)修改再造,参照优秀作品取长补短进行改进。

## 三、案例模型赏析

### 案例：蓬莱之莲

#### 1.城市的设计理念：海绵城市、绿色城市、人本主义理念

"蓬莱之莲"通过在城市中大量栽培植被，起到净化空气、防尘降噪、调节小气候等作用，同时也带给人们轻松愉悦的心情，用绿色理念为健康生活赋能。通过设计绿色屋顶、湖泊等实现渗、滞、蓄、净、用、排的"海绵体"功能，实现对水资源的循环利用。城市中心参照重庆市标志建筑——解放碑设计，让我们牢记历史，勇往直前。

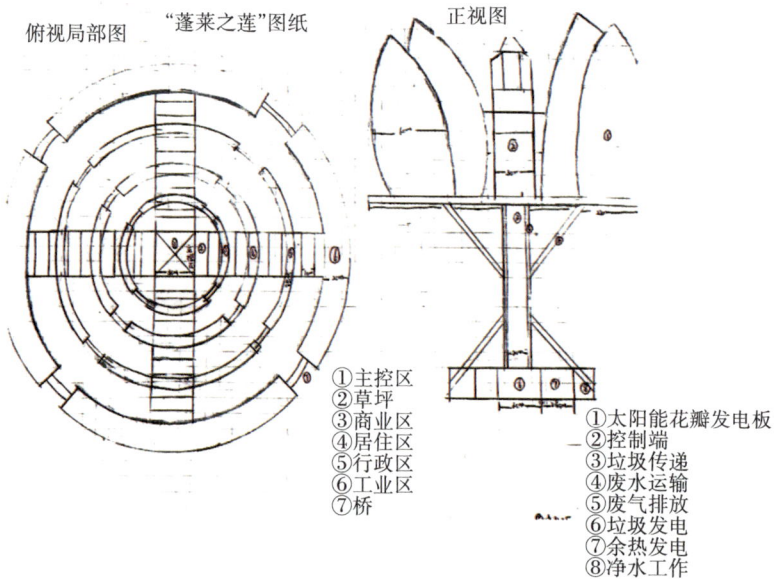

俯视局部图　　"蓬莱之莲"图纸　　正视图

①主控区
②草坪
③商业区
④居住区
⑤行政区
⑥工业区
⑦桥

①太阳能花瓣发电板
②控制端
③垃圾传递
④废水运输
⑤废气排放
⑥垃圾发电
⑦余热发电
⑧净水工作

"蓬莱之莲"设计图

"蓬莱之莲"模型制作

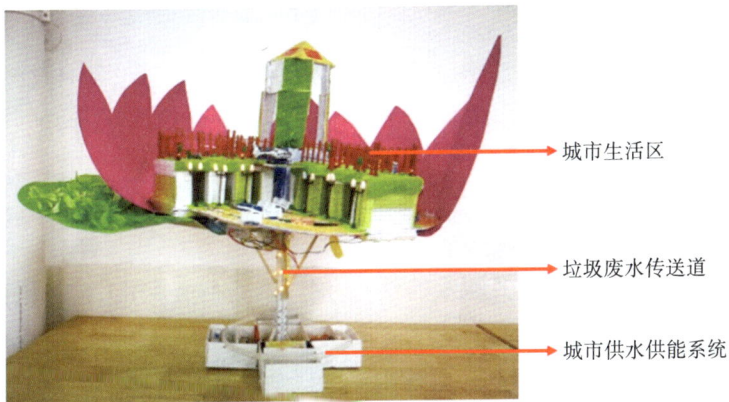

城市生活区

垃圾废水传送道

城市供水供能系统

"蓬莱之莲"城市模型布局图

"蓬莱之莲"选建在多条河流交汇的丘陵地带。城市可容纳5000人左右居住,整座城市呈莲花形,由花瓣、荷叶、花托、根茎等构成。城市主体部分为圆盘状,直径225 m,城市总体高度为150 m(模型比例尺1:375)。主要由三个部分组成。

第一个部分:城市生活区

城市的商业区、住宅区、工业区呈环状分布,解放碑中心商业区位于市中心,交通运输呈同心圆和放射状布局。郊区修建了河流和湖泊,可以储蓄雨水,也供船只通行和资源运输。整个城市的屋顶全为绿色屋顶,一是美化环境,调节气候;二是截留部分雨水起到增加下渗,滞水、蓄水的作用。地面使用渗水砖铺设,增加了下渗,减少城市积水。城市生活区域被形如荷花瓣的装置包围,不仅美观,而且具有多功能的使用价值。

第二个部分:生活垃圾废水传送道

这部分位于城市生活区和城市供水功能系统之间,其作用是将城市垃圾和废水传送至底部,也是技术人员定时检修水下设备的主要通道,起到排除城市废水的作用。

第三个部分:城市供水供能系统

这部分位于地下,中间是垃圾发电站,接受生活垃圾废水传送道运输而来的垃圾,进行燃烧发电;中部收集余热提供城市热能;外部是淡水净化储存器,将废水进行连续净化后,再次供城市使用。

### 2.作品亮点

(1)"蓬莱之莲"城市生活区域被形如荷花瓣的装置包围,"荷花瓣"具有以下作用。

美观作用:运用仿生学原理,将城市外围设计成荷花瓣形态。荷花瓣颜色靓丽,造型独特,为城市形象增添光彩。

发电作用:荷花瓣上有自动感应装置,会感应天气、感知灾害,自动开合。荷花瓣内侧装有太阳能光伏发电板,天晴时它会自动张开吸收阳光,为城市提供部分电能。

保护作用:当出现海啸、台风、暴雨等灾害时,荷花瓣会自动合拢,从而对城市起到一定的保护作用。

(2)"蓬莱之莲"城市特别关注水的储蓄和排放。通过渗、滞、蓄、净、用、排等系列措施,使城市水资源循环利用。

"渗"——地面采用透水砖,积水时便于水的下渗。

"滞"——建筑屋顶铺设草坪,滞留雨水。

"蓄"——地表湖泊相连,形成天然的蓄水池。

"净"——通过海底水净化系统,连续净化水资源。

"用"——净化的水资源会被城市生活二次利用。

"排"——下渗和滞留的水通过管道系统排至海底污水处理区。

(3)能源的供应

垃圾发电:经过分类后,燃烧值较高的干垃圾在垃圾处理站被密闭燃烧。燃烧产生的蒸汽推动涡轮转动,产生电能供城市使用。

余热供暖:垃圾发电站外围区域可收集垃圾燃烧产生的余热,供给城市热能。

垃圾堆肥:垃圾分类后,燃烧值较低的垃圾被密闭发酵,凭借微生物的生化作用,将生活垃圾中的有机质分解、腐熟、转换成稳定的类似腐殖质,增加土壤肥力。

## 四、研学旅行

### 1.研学主题:渝你相约·悦来越美

### 2.目的地介绍

重庆市悦来新城作为国家首批16个"海绵城市"试点之一,以保护长江为宗旨开展城市建设,旨在打造一座绿水青山的生态之城。悦来新城东高西低,南高北低,呈现典型的山地丘陵特征。区内地形坡度大,最高海拔385.62 m,最低海拔170 m,整个区域内地形高差为215.62 m。区域内降雨雨型特点为雨峰靠前,雨型急促,降雨历时短,短时形成暴雨或强降雨。同时,悦来地形高差大,道路纵坡大,地面径流流速快,汇流时间短,一旦发生超标降雨,极易发生内涝,因此设计了蓄水池、停车场LID改造、雨水塘、雨水花园、雨水湿地、雨水回用系统、市政道路、园林绿地等75个项目,旨在打造一座绿水青山的生态之城。

### 3.研学目的

(1)实地考察悦来滨江公园,说出缓排阶地的作用,理解滨江公园植被垂直分布的作用。

(2)实地考察悦来广场,发现并理解雨水塘的作用、地表铺设鹅卵石的作用。

(3)实地参观悦来生态馆,理解雨水湿地、下凹式绿地、绿色屋顶的作用。

(4)通过实地观察和调研中发现的问题,能在"未来之城"的设计中提出一些自己的想法。

|  |  |  |
|---|---|---|
|  |  |  |
|  |  |  |
|  |  |  |
|  |  |  |
|  |  |  |

### 4.研学任务单

**"渝你相约·悦来越美"研学任务单**

| 活动1(山脚) | | | |
|---|---|---|---|
| 地点:滨江公园 | 位置:经度 | 纬度 | 海拔 |
| 1.城市的水从何而来? | | | |
| 2. 城市与水的关系? 海绵的作用? | | | |
| 3.滨江公园植物的垂直分布有何特点? 原因是什么? | | | |

| 活动2(广场) | | | |
|---|---|---|---|
| 地点:悦来温德姆酒店附近 | 位置:经度 | 纬度 | 海拔 |
| 1.海绵城市地表铺设鹅卵石的原因? | | | |
| 2.雨水塘分为几个部分?不同部分高低差异的特点及原因?雨水塘主要通过哪些方式净化雨水? | | | |
| 3.实验:在雨水花园的鹅卵石地面和硬化路面做下渗实验,思考哪些措施可增加雨水的下渗。 | | | |

| 活动3(山顶) | | | |
|---|---|---|---|
| 地点:悦来生态馆 | 位置:经度 | 纬度 | 海拔 |
| 1.生态馆的植物呈阶梯状分布的原因是什么? | | | |
| 2.生态馆绿色屋顶有何意义? | | | |
| 3.参观并记录山地海绵城市建设模型。 | | | |

# 海洋城市

未来的城市可以往哪里发展？随着陆地空间的减少，未来人们可否利用广阔的海洋空间和丰富的海洋资源，在海洋上建城市呢？海洋城市又面临哪些具体问题？该如何解决这些问题？海洋城市能否适合人类生存？怎样才能设计和谐的海洋城市？带着这些思考，我们一起走进"海洋城市"。

## 一、海洋城市起源

地球表面29%是陆地，71%是海洋，我们更愿意称它为"水球"。海洋不仅面积广阔，海底地形种类齐全，而且海洋资源丰富。如果人类能够开发辽阔的海洋，作为我们新的家园，那未来城市的发展前景将非常广阔。

"海洋城市"一词最早是由法国科幻小说之父凡尔纳在《神秘岛》中提出的，小说描写了一座漂浮在海上的城市。其实我们人类对漂浮的海上城市的探索起源很早，在古代人类利用船只前往遥远的大洋彼岸时，有时需要在海洋上漂浮几个月才能到达，所以古代的轮船在设置上已有了城市的雏形。现代的航空母舰和大型游轮等超级船舶基本上具备了城市的所有功能，都可以称得上是一座座漂浮的海洋城市。除此之外，近年来，人们开始大胆尝试，希望将幻想变成现实，在海洋上建设固定的城市，例如日本的"睡莲之家"，迪拜的海底酒店，比利时的"漂浮之城"等。

所以，通常我们所说的海洋城市是指能够漂浮或固定在海洋中的建筑群，它能够容纳很多人在一起工作、生活、休憩和娱乐，规划配套住宅区、工业区、商业区、休闲娱乐区等城市所有的功能区。

## 二、海洋地理环境

在前面章节中我们已经学习过在陆地上修建城市需要考虑的地理环境因素,那么在海洋上建一座城市就需要考虑更多的因素,首先我们必须要了解海洋的地理环境。

海底地形:海洋的底部不像洋面那样平整,海底有高耸的海山、起伏的海丘、绵长的海岭、深邃的海沟,也有平坦的深海平原。海底地形包括大陆架、大陆坡、海岭、大洋中脊、洋盆、海沟等(如下图)。大陆架是陆地向海洋的自然延伸部分,坡度较缓,水深一般在200 m以内;大陆坡是大陆架向外倾斜的陡坡,水深急剧增至数千米;大洋中脊是大洋中新海底诞生的地方,火山活动比较强烈;海沟是海洋底部最深的地方,最大水深达到1万多米,洋盆是指海洋底部较四周相对低平的广大地带。

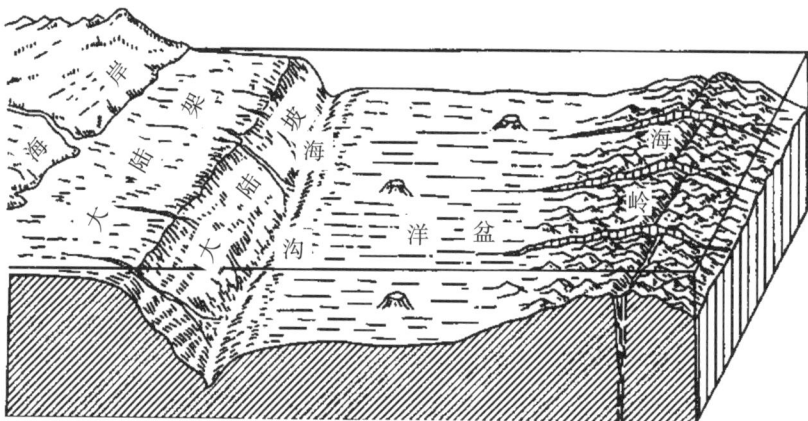

海底地形示意图

海水温度:在太阳的照射下,海水有一定的温度。影响海水温度的因素主要有纬度、洋流。不同纬度的地区获得的太阳辐射不同,总体上是由低纬度向高纬度递减;洋流对局部海区海水的温度也有明显的影响,暖流对流经的海区起到增温增湿的作用,寒流对流经的海区起到降温增湿的作用;海水温度的垂直分布一般是随深度的增加水温逐渐降低,并呈现出季节性变化。

海水盐度:海洋里溶解了大量的盐类物质,因此海水是咸的,具有腐蚀性,人们用盐度来表示海水中盐类物质的质量分数。世界上大洋的平均盐度为35‰。世界上盐度最高的海是红海,盐度最低的海是波罗的海。

海水运动:在海洋表层的海水都在有规律地做大规模运动,海水运动主要有波浪、潮汐、洋流三种形式。波浪指在风力作用下海面的波状起伏,是一种最常见的海水运动形式。波浪造成的颠簸对海上作战、船只航行、海洋工程、渔业作业等都有影响。潮汐指海水在月球和太阳引力作用下发生的周期性(一天两次)涨落现象。洋流指海洋中的海水在盛行风的作用下常年沿着一定的方向作大规模的运动。在洋流交汇处,海水受到扰动,营养物质漂浮到表面使得渔业资源丰富;洋流对航海也有影响,顺流航行速度快且节省燃料;洋流还可以稀释海洋污染物,加快其扩散。此外,人们还可以利用潮汐、波浪、盐差能来发电。

海洋中蕴藏着丰富的矿产资源,如煤、铁、锰、天然气、可燃冰等。

除此以外,海洋也像陆地那样,会面临很多的灾害,如风暴潮、海冰、海啸、海底火山、地震等。

**思考** 和陆地相比,在海洋中建设城市可能面临哪些风险?

## 三、设计海洋城市

离开陆地在海洋上修建城市,我们要学会利用海洋自身的资源,首先解决能源、交通、生态等一系列问题,同时也要克服海洋的致灾因子,在设计时要充分考虑防御海洋灾害,最后我们必须要同海洋以及其中的生物和谐相处。可以从以下几方面来设计:

目标人群——为谁设计海洋城市? 可以具体到某个国家或地区;什么工种的人? 如海洋工程师、水产养殖业者、航海工程师等海洋领域的佼佼者。什么年龄的人? 如青壮年、老年人和少年儿童。大约居住多少人? 针对不同的目标人群侧重点也不一样。

城市基本框架——根据居住的人口数量需要明确城市的规模。首先应规划城市的尺寸,例如:"梅伦尼斯城"的漂浮城市长约885 m,宽约495 m,可承载7000名居住者。然后设计城市的轮廓形态,可利用仿生学原理进行设计,例如:睡莲、螺旋式、穹顶式。最后将城市的空间进行内部设计,合理布局城市功能区(居住区、商业区、工业区、实验区等),将城市的各个部分命名。

物质能量来源——城市的物质和能量是采用内部自循环还是外部供给,例如能源供应可以利用海洋自身的资源解决;例如利用涡轮发电,利用深海海流驱动发电,利用盐差能发电,还可以利用太阳能发电、风能发电等。

避免海洋环境带来的挑战——在设计时一定要考虑海洋的不利方面,提出解决的方案。海洋城市需要克服飓风、海啸、风暴潮、冰山、无水源、海水的腐蚀性等问题;海底城市需要克服缺氧、黑暗、高压、低温、无水源、海水的腐蚀性等问题。例如:"海洋螺旋"是在水深500 m的位置建造一座球形城市,当遇到恶劣天气的时候,这个球体将会潜入水中一条15 km长的螺旋形的通道中去。这个螺旋形的通道连接着位于海底3000 m至4000 m处的沼气制造厂。

选择建筑材料——海水相比淡水具有特殊性,加上海洋灾害的不可预料性,因此同学们可以利用互联网查阅一些防腐蚀、可塑性强、防水、保温隔热、可呼吸的材料运用到城市的设计中。例如:"睡莲"城市的岛屿将由生态岩石支撑,这是一种通过将水下矿物暴露在盐水中形成石灰石涂层的材料。这种材料可以自我修复,并且随着时间的推移变得更强,虽然它比混凝土硬三倍,但仍然可以漂浮。

前沿技术——可以查阅一些最新的前沿科技融入城市的设计中,让城市生活更智能舒适。例如:无人驾驶技术、全息投影技术、3D打印技术、DNA改造技术等。

## 四、实践活动

同学们,通过前面的学习相信你们对海洋城市有了一些自己的想法,接下来尝试搭建一个海洋城市的模型。

活动:搭建一个大约60 cm×60 cm×45 cm的海洋城市模型。

要求:因全球海平面上升,城市的发展空间受限,我们需要为未来的城市移民做好准备。请同学们结合海洋城市的相关知识,设计一个主题鲜明的海洋城市。

材料:雪弗板、半圆形亚克力板、水景膏、发泡剂、草粉、小木条、干花、木板、亚克力板、道路贴纸、树藤、装饰灯。

工具:美工刀、剪刀、502胶水、白胶、胶枪、锯子、锉刀、漏斗、刻度尺。

搭建步骤:

(1)小组分工,明确各成员的具体分工。

(2)小组讨论,明确海洋城市的设计主题和理念,设计城市布局并画出草图,明晰城市的具体模样。

（3）动手搭建，先根据设计的比例选择合适的底板，然后制作模型地形基底和主体建筑部分，形成城市的基本形态。

（4）根据设想，大胆地创造防御设施和有先进技术理念的设施，完善基础设施配景的制作，合理布局城市的功能区，让城市模型更美观。

（5）展示交流，说一说本组海洋城市的设计理念，评一评其他组作品的优缺点。

（6）修改再造，参照优秀作品取长补短。

学生作品：KUN·鲲城市模型

学生作品：贝壳心海城市模型

## 五、案例模型赏析

### 案例：海中蜂巢

#### 1.城市设计理念

随着全球人口的急剧增长，工业化的迅速发展，大量的温室气体排放导致全球变暖，冰川融化，海平面上升，一些临海国家和低海拔地区被海水淹没。为了给人类一个新的居所，我们把目光投向了海洋。因此，我们招募了一批先驱者，为他们提供新的家园，同时他们作为先驱者，也能帮助我们证明所设计的城市是否可以供人类生活。在考虑经济的同时，我们更加注重资源的可持续利用：使用膜蒸馏技术将海水转换为淡水，利用微藻来生产生物柴油和乙醇，太阳能发电和洋流发电作为主要的电能供给。我们坚持以绿色、健康、友好、创新、和谐发展为理念，以整个城市的可持续发展为最终目标。

城市总体规划

俯视图

☑ 水位
☑ 山脉
■ 住宅楼
☰ 工业
☰ 教育
☑ 商业
☑ 交通
☰ 农业及畜牧业

比例尺1:75000

比例尺1:6250

海中蜂巢设计图

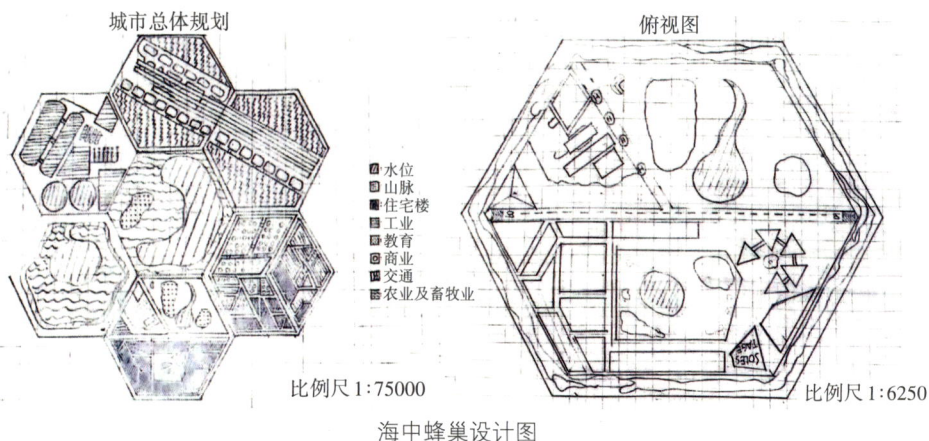

顶层是居住层,分为三个区域:生活区、生态区、实验区。

中间层是油船层,它位于海平面上,设有船只的进出口,用来停船(可容纳100~200只船)。

底层为能源生产层,有2个洋流发电装置区、2个膜蒸馏技术海水淡化区和6个螺旋桨驱动器。

海中蜂巢居住层分布图

海中蜂巢城市模型

　　我们的城市叫"海中蜂巢",我们选在了印度洋马尔代夫附近的大陆架和大陆坡之间(水深200~500 m),因为此地区的海洋环境相对稳定。马尔代夫正在面临被海水吞没的危险,所以特别适合这个项目的开发,对我们的设计可以提供更有效的帮助。我们的城市形状类似蜂巢,由多个六边形组成,每个六边形边长600 m。大约可容纳4000人,其中实验者100人、工厂工作者200人、农场工作者200人、超市工作者50人、城市清洁工人50人、保安工作人员100人、城市生活者3300人。我们设计的最大的目标是希望城市与城市之间可以互相拼接,最终成为海中"蜂巢"。模型作品的搭建,我们选择了海中"蜂巢"的其中一个六边形进行详细的呈现,以下简称"蜂巢1号"。"蜂巢1号"共有上下三层。底层为能源生产层,位于海平面以下10 m,其功能区有:2个洋流发电装置区、2个膜蒸馏技术海水淡化区和6个螺旋桨驱动器。洋流发电装置主要利用磁生电原理发电并供电,海水淡化区主要使用超薄过滤膜材料将海水过滤成淡水,螺旋桨驱动器是城市移动的动力系统。中间层是泊船层,它位于海平面上,设有船只的进出口,用来停船(容纳100~200只船)。顶层是居住层,被分为三个区域,分别是生活区、生态区、实验区,其比例为3∶2∶1。生活区有住宅、医院、超市和商圈大厦等,生态区有果树、蔬菜和鸡鸭鱼养殖场等,实验区有发电厂、淡水资源厂、微藻养殖场("绿色油田")。各个区之间由可升降的货物通道运输系统或直升机停机坪等隔开。

### 2.作品亮点

(1)可持续的物质和能量来源

电力来源:洋流发电和太阳能发电。在城市底部有一个巨大的交流电发电机,发电机采用旋转磁场设计,利用洋流来推动磁石切割磁场,使交流电机发电,为城市的电力设备和底部的螺旋桨提供动力。在每家每户的楼顶上,装有吸收太阳能源的太阳能发电板,将收集的太阳能转化为可以被利用的电能。

淡水来源:在城市的底部,有一个以超薄过滤膜材料为主要材料制成的膜蒸馏技术海水淡化装置,将这种超薄过滤膜一侧加热,通过薄膜这一侧的水会快速蒸发;水蒸气透过超薄过滤膜被收集后,就能得到清洁的淡水;然后通过管道输送到每家每户。整个城市也就有了源源不断的淡水资源。(目前已经有研究小组使用美国椴木通过一定的科学方法制成了疏水性的纳米木膜,目前的纳米木膜每平方米每小时只能过滤20 kg水,但是我们有理由相信,未来能制造出更薄、气孔更小的理想的超薄过滤膜。)

食物来源:可以在可持续发展的基础上,对海洋鱼类进行捕捞。除此以外,城市生态区种植的各种蔬菜和水果,以及喂养的牛、羊、马、鱼都可以满足城市居民的日常需求。

（2）完善配套的防御系统

"蜂巢"六边形每一个边的里面都装有螺旋桨推动器,一旦遇到风暴、大浪等情况,螺旋桨就会启动,利用螺旋桨产生的推力改变城市位置,整个蜂巢就能够迅速化整为零,使城市一定程度上始终不会受到海啸和风暴的威胁。在城市上方的实验室可以对六个螺旋桨进行控制。

（3）城市民生保障系统

在"蜂巢"的住宅楼中固定的一层配备体检和心理监测站,目的是探求生活在"蜂巢"的人类身体和心理上的变化,便于我们对"蜂巢"进行改良。居民入住时必须有1次体检,后期也会有每年1次的定期检查。检查内容是人们的身体机能、心理变化等,在检查后会有专门的研究人员集中在一起分析调研。如果检查结果显示大部分人身体机能下降或出现心理上的问题,我们就会进行针对性的调节和改变。建立监测站是调控和提升城市舒适性、居民幸福感的有效方式,有利于帮助我们证明所设计的城市是否可供人类生活,让城市的发展有更大、更多的可能。

## 综合素质评价

同学,恭喜你已经完成"未来城市"课程全部内容的学习,接下来请你和班级同学、老师、家长一起对自己的表现进行评价吧!

首先,请对本阶段课程汇报进行评价。评分由设计美观性、模型还原度、表达清晰度、内容完整性、分析深刻性五个维度组成,每个维度各20分,总分100分。请在完成自评、互评、师评后,算出平均分作为最终得分。如果你们是以小组为单位开展活动和汇报,那么请算出小组得分。

### "未来城市"课程阶段汇报评分细则

| 评价维度<br>（各20分） | 评分细则 | 自评<br>得分 | 互评<br>得分 | 师评<br>得分 |
|---|---|---|---|---|
| 设计美观性 | 设计是否做到图文并茂、整洁美观、富有创意 | | | |
| 模型还原度 | 搭建模型是否做到结构稳固、造型别致、还原度高 | | | |
| 表达清晰度 | 语言表达是否做到流畅、清楚、有感染力、有逻辑性 | | | |
| 内容完整性 | 汇报内容是否做到板块完整、内容全面、有趣味性和故事性 | | | |

| 评价维度<br>（各20分） | 评分细则 | 自评<br>得分 | 互评<br>得分 | 师评<br>得分 |
|---|---|---|---|---|
| 分析深刻性 | 汇报内容是否做到观察细致、分析深刻、有思考和见解 | | | |
| 总分 | | | | |
| 总平均分 | | | | |

接下来，请你在家长、老师、组员的协助下，总结你在"未来城市"课程阶段中的收获。你可从科学（S）、技术（T）、工程（E）、艺术（A）、数学（M）五个维度入手，每个维度尽可能多地列出获得的知识或技能，注意内容逻辑相互不交叉。你还可以用不同颜色的彩笔将花瓣涂上颜色，根据收获由多到少分别涂上绿色、蓝色、黄色、橙色、红色，以此提醒自己在下一阶段的学习中哪些方面应该加强重视。

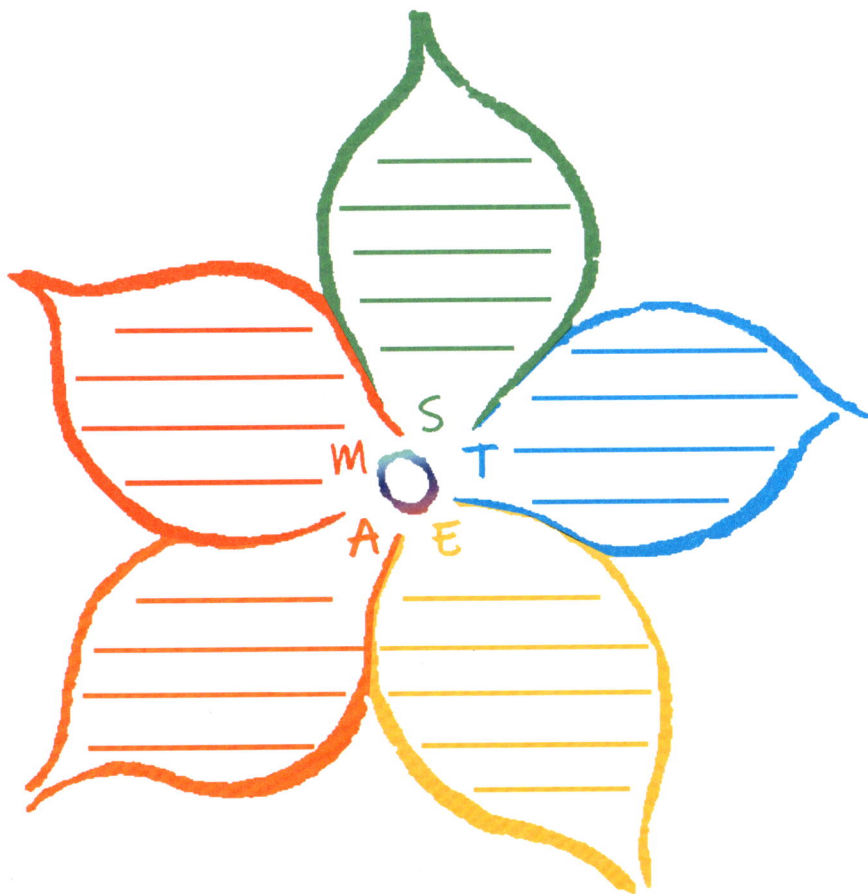

基于STEAM理念的"未来城市"课程阶段收获总结

最后,你还需完成个人在本课程阶段的核心素养评价。下表梳理了本阶段课程内容在《中国学生发展核心素养》三大方面、六大素养和十八个基本点中的具体表现,请根据评价标准为自己评分。你还可以将评价表中各项指标的得分绘制成雷达图,从中可分析你在本课程中各素养的发展状况,以便在今后的学习中做出调整。

### 基于《中国学生发展核心素养》的"未来城市"课程阶段评价

| 核心素养 | 一级指标 | 二级指标 | 三级指标 | 课程评价标准<br>完全符合5分,比较符合4分,基本符合3分,一般符合2分,几乎不符合1分 | 评分 |
|---|---|---|---|---|---|
| 全面发展的人 | 文化基础 | 人文底蕴 | 人文积淀 | 能理解全球变暖,城市建设土地减少的现状,理解海洋城市产生的原因 | |
| | | | 人文情怀 | 在搭建过程中,能关注海洋城市特殊的海洋环境和城市的安全性与舒适性,关切人的生存、发展和幸福 | |
| | | | 审美情趣 | 在搭建过程中,具有发现、感知、欣赏、评价建筑美的意识和基本能力,并在海洋城市的设计和搭建中有所表现 | |
| | | 科学精神 | 理性思维 | 能理解海洋城市选址的原则,并在搭建中有实证意识,并用严谨态度分析海洋城市的防御设施 | |
| | | | 批判质疑 | 能独立思考、独立判断;思维缜密,能多角度、辩证地分析问题 | |
| | | | 勇于探究 | 具有好奇心和想象力;能不畏困难,有坚持不懈的探索精神;能大胆尝试,积极寻求有效的问题解决方案等 | |
| | 自主发展 | 学会学习 | 乐学善学 | 具有积极的学习态度和浓厚的学习兴趣;能养成良好的学习习惯;能自主学习,具有终身学习的意识和能力 | |
| | | | 勤于反思 | 具有对自己的学习状态进行审视的意识和习惯;能够根据不同情境和自身实际,选择或调整学习策略和方法 | |
| | | | 信息意识 | 能够利用互联网查阅资料,了解海水的温度、盐度,洋流等情况 | |
| | | 健康生活 | 珍爱生命 | 在实践课程中,具有安全意识与自我保护能力,不做可能伤害自我与他人的事。 | |
| | | | 健全人格 | 自信自爱,坚韧乐观;有自制力,能调节和管理自己的情绪;具有抗挫折的能力 | |
| | | | 自我管理 | 在自评中,能正确认识与评估自我;依据自身个性和潜质选择擅长领域为小组做贡献;合理分配和使用时间与精力,能够在规定的时间内完成规定的任务 | |

续表

| 核心素养 | 一级指标 | 二级指标 | 三级指标 | 课程评价标准<br>完全符合5分,比较符合4分,基本符合3分,一般符合2分,几乎不符合1分 | 评分 |
|---|---|---|---|---|---|
| 社会参与 | | 责任担当 | 社会责任 | 在小组合作活动中表现出团队意识和互助精神,能够积极地履行自己的职责;能够做到文明礼貌,宽和待人,主动作为,尽职尽责 | |
| | | | 国家认同 | 具有文化自信,尊重中华民族的优秀科研成果,能传播弘扬中华民族的优秀传统文化和社会主义先进文化 | |
| | | | 国际理解 | 积极参与跨文化交流 | |
| | | 实践创新 | 劳动意识 | 尊重劳动,具有积极的劳动态度和良好的劳动习惯。在实践课程后主动清扫小组周边垃圾,维持教室整洁 | |
| | | | 问题解决 | 善于发现和提出问题,有解决问题的兴趣和热情;能依据特定情境和具体条件,选择制订合理的解决方案;具有在复杂环境中行动的能力 | |
| | | | 技术应用 | 具有工程思维,能将创意和方案转化为有形物品或对已有物品进行改进与优化 | |

# 后　记

　　2018年6月,我承蒙学校信任,赴西南大学两江实验学校(当时为西南大学附属中学校分校)组建团队,开发STEAM课程。历经3年时间,课程团队由最初的3人,逐步发展为以15人为核心,涵盖全校教师的课程设计队伍。课程形式也从最初的小实验、小制作,演变为涉及物理、化学、生物、地理、计算机、数学、美术等学科,结合体验式、探究式等教学方式的综合性融合课程。经过多年的教学试验,课程团队在过程中不断更新和丰富课程内容,现已形成一些较为成熟的课程案例,于2022年10月起笔编写此书。本书收录了我们团队设计开发的五个精编课程案例,每个案例建议40课时(约一学期的时间),这样做可以保证学生在相对固定的分组中达成更多的默契,更重要的是保证了学生有充足的时间体验"选择项目—活动探究—制作作品—成果交流—活动评价—作品再探究—再交流评价"这一完整的教学过程,并在课程的各个阶段用《中国学生发展核心素养》各项指标检验自己综合素质的变化。

　　这本书的出版得到很多人的关心。首先我要感谢西南大学附属中学校给予我机会去深度学习STEAM这一教学理念,也非常感谢西南大学两江实验学校对该课程的重视和支持,让我毫无后顾之忧地施展拳脚;其次,感谢课程主创团队日日夜夜的付出,让这门课程从一个概念变得活灵活现,也感谢每一个为课程开发出谋划策的老师;最后,还要感谢西南大学两江实验学校初2021级、初2022级、初2023级的同学们,我还记得多少个午休和自习时间,你们顶着压力给宿管阿姨和班主任请假,为的是更圆满地完成自己的作品,感谢你们的倾力参与,感谢你们的密切配合,你们是课程的第一批体验者,见证了课程的从无到有,从稚嫩到成熟。

　　接下来的这些话,我想写给读完这本书的你。

　　如果你是一名老师,你是否还在犹豫这门课程能否顺利开展?请你一定相信学校的教师团队,因为不同学科教师组合在一起定会碰撞出神奇的火花;请你一定相信你的学生,他们有无限可能性,他们的能力远比你想象的强。课程一旦开始,一切问题都不会再是问题。

如果你是一名家长,你是否还在质疑这门课程有何作用? 对升学有无帮助? 你要知道,现在国家需要的人才,是能够独立思考、能够发现问题、能够分析问题、能够解决问题的人,因为只有选拔出这样的学生,才能实质性地解决国家"卡脖子"的问题,而学生在这门课程中养成的习惯和思维方法,将贯穿他的学习始终。

如果你是一名学生,读到这里,你一定已经完成了书中的所有学习项目,此时你已经初步具备在真实情境中解决实际问题的能力,你还拥有了正确的思维方法和探究习惯。请将这些能力和方法应用于生活、学习的方方面面,你将会受益终身。

限于作者水平,书中难免存在疏漏和不妥之处,恳请广大读者、专家批评指正,任何意见请发邮件至:857925824@qq.com,我们将在本书再版时改正。

编者
于重庆北碚
2023年2月